献给关注当代中国城市的人们

城惑

——自在的图景

蒋涤非 著

中国建筑工业出版社

图书在版编目(CIP)数据

城惑——自在的图景/蒋涤非著.—北京：中国建筑工业出版社，2009

ISBN 978-7-112-11378-1

Ⅰ.城… Ⅱ.蒋… Ⅲ.城市规划-研究 Ⅳ.TU984

中国版本图书馆CIP数据核字(2009)第176370号

责任编辑：陈　桦　吕小勇

责任设计：赵明霞

责任校对：陈　波　赵　颖

城惑——自在的图景

蒋涤非　著

*

中国建筑工业出版社出版、发行(北京西郊百万庄)

各地新华书店、建筑书店经销

北京水木华旦数字文化发展有限责任公司制版

北京云浩印刷有限责任公司印刷

*

开本：787×1092毫米　1/16　印张：$13^{1}/4$　字数：330千字

2010年7月第一版　　2010年7月第一次印刷

定价：49.00元

ISBN 978-7-112-11378-1

(18641)

目录 Content

二维中国
——批判与想象

我们的时代——节日狂欢与恐怖袭击；暴富与赤贫；现实与虚拟——一个多极世界！

当代中国所有主要（以及次要）都市区域都在经历戏剧性变化，有些地方如此强烈，以致30年前的东西今天几乎无可辨认。这是一种世界经济发展大背景下的“都市重构”。都市转型如此之剧，以致所有传统都市阐释框架似乎都已失效！

是否需要用全新的理论来解释转型的都市形态？或仍然强调与过去的连续性，在原有城市研究方法上局部更新？

认为20世纪晚期城市所发生的事是一个全新革命的开端，或认为它不过是都市生活传统的一个小小波折，这些断言都为时太早！但我们必须承认，在我们习常认为的现代都市中，以及我们理解、体验城市的方式中，确实发生了显著的转变——有许多新异之处，需要我们对当代中国城市展开批判与想象！

我们的城市——被政府的雄心与市民的热望围绕，我们在营城，在围城！

这个时代，“我们面前无所不有，我们面前一无所有”。汽车、高架桥、摩天楼、Internet使人类的欲望得到前所未有的满足。中国城市在欲望的包围下，争先恐后地朝着“美国化”发展。功能主义、纯粹主义、英雄主义这些乌托邦式的景象充斥着城市——中国城市在迅速扁平化、概念化、机械化、乌托邦化——城市在“过度”规划化！

以空间性、社会性和历史性的视角，运用“三维”的方法对过去30年城市发展加以研究——有一种“将空间置于首位”的企图。

主流的城市规划视野在诠释当代城市时，忽视了城市空间的解码潜力，到了把这种“隐没维度”升出地平线的时候了！

全球化带来了多元化，也带来了均质化，纯理性、纯技术的“非地方性”城市——“通属城市”成为当代人的集体记忆。

中国城市在现代化的冲击下，“跃进式”地进入全球经济，整个城市沉浸于庆典与混乱之间，快速地建造，呈现出中国式“新城”特征：社会流动性日益复杂、交通堵塞、空气污染、出行距离不断加大、城市空间割裂；效率和阻滞、适应和僵化、长期和短期行为等押韵般共存。

明日城市，路在何方？

平面走向立体——从二维走向三维。当代城市在高速环路中一圈圈迅速水平伸展，机动化决定着当代城市格局，它使城市趋向平面化，而城市形象只有在三维中才能真正呈现。当代城市意象的缺失，源于三维空间营造的匮乏！城市应呈现聚集活力，使用立体化空间才能产生高效城市，城市应立起来！

立体化的城市空间是一种多向度穿插和层叠的复合化城市环境，是土地使用的聚集化。空间交混则是来自城市设计向度的三维城市形态思考，是立体化、复合型城市的空间利用方式。通过加强城市空间和建筑空间的垂直运动，如不同交通方式的立体转换、跨越交通路线的建筑群体等。在三维的城市空间中化解各种矛盾，建立新的立体形态系统。

“此”时走向“历”时——从三维走向四维。城市不能只是现时态、静止的三维空间，而应将城市放在历时演化的时空中。

城市的建成环境始终处于连续的演变状态，任何城市形态均不能脱离“时间”这个变量。正是“形式”与“时间”的并重引起建筑学、历史学、社会学、经济学的交叉；城市形态的物质要素不断经历着形式上的变化，所以“历史性”和“动态性”分析应该成为城市形态研究的核心。

每一座城市都拥有自己的过去，历史性既是城市的功能，又是城市的形式。城市的历史深深镂刻在城市的每一个角落、每一个建筑细部之中。

城市首先是四维的记忆之城，其次才是三维的物质之城。也就是说，城市建筑首先是作为城市集体记忆的载体存在，其次才是个性化的创造。在城市历史的自然更迭中，曾经存在过的城市通过场所(Locus)、纪念物(Monuments)与类型(Type)等方式，将城市的集体记忆延续下去。一座城市正是经由这样的密码而与过去的时空血脉相连。

要形成故事的城市，城市故事如同场所的灵魂，让人感受到自己与场所在时间维度上的融合，真正做到人与环境在物质和情感上的同一化。

在现代城市中，不应使现代服从于历史，而是追求二者的共存与对话，这种对话不仅仅是单纯模仿，也不仅仅是冻结成为“木乃伊”。将城市时间因素整合到三维空间的过程中，把历史与现实结合起来，这样的整合才是一个成功的四维空间。

只有对城市的过去、现在、未来进行历时性考量，才能让我们对城市的雄心建立在真正的理性之上，才能让我们关于城市的畅想卓越而自在。

“新”态走向“熟”态——中国城市开发区跃进式的造城运动、模块式的填充，旧城改造摧枯拉朽式的革命，使城市迅速变新，呈现“新”态——单薄、生涩！怎样营造城市的厚重感，怎样将城市断裂面缝合为自然的肌理——一种“熟”态，是我们城市生长的方向。

人们常常将城市形式看作是一个有限的、完成了的事物。然而即使城市在产生之初其形态就已经非常完美，它也决不会是已经完成、静止不变的。每天都有无数个有意无意的事件在改变着它，而这种改变只有经过一定时间后才会被显著察觉。

莫里斯·哈布瓦赫认为：“凭借着对传统价值的执著，昨日的社会以及社会化进程中相继出现的各个时期才得以存续至今。”每个时期的人造环境层层垒叠，城市的历史也就相互叠加在一起，构成了城市厚重的、不同时期的考古断面。

当代城市大规模的旧城改造，往往采用一种激进式的、断裂的处理，使得城市与其历史割裂了开来，历史不再是连续的，而是片段的跳跃式组合。城市固然没有了杂音，然而总是让人惘然若失。旧城也因而呈现新态！

“罗马不是一天建成的”，威尼斯圣马可广场也是在近一千年历经不断增建、改建和重建而逐渐生长形成的，它没有预设的蓝图，而只是一个动态发展、自然生长的过程。C·亚历山大认为好的设计就像种花：“我们无法设计花，只能种下种子，好的设计理论并不是告诉人们如何设计空间，而是让空间有机会长出生机勃勃的花儿。”

蓝图式物质形态的规划设计方式难以适应当代城市的复杂性、多样性和难以预测性，我们应注重渐进式城市生长方式，注重寻找城市从断裂到缝合的演进规律，以培育“熟”态城市。

同质走向特色——城市在相互模仿中不断趋同，中国城市的同质化已成为现代化的并发症！怎样在现代性基质上留存城市人文历史，怎样在城市中凸显自然山水特质，怎样在城市中展示自身市民性格——特色营造，是中国城市化不可绕过的话题。

现代主义创造了名为人类的“圣人”。现代主义设计了与这样的理想“人类”相对应的城市。这是一种给人以疏远感的城市，因为它是奉献给抽象的人类与人类社会，而不是给具体人。

当代中国许多城市无创造性地一味模仿，模仿的结果就是城市间的趋同，城市空间的同质化使城市逐渐成为无地方性差异的“零识别”城市。

在全球化和现代性的影响下，唯有每个城市的自然地理条件具有唯一性。结合山水、植被、气候等自然环境条件塑造城市特色是一个有效的方法。设计结合自然，让自然融入城市，既要充分利用城市原有的自然地理条件，借青山绿树、江河湖海的自然魅力，来凸显城市的特色意境，又要运用人文景观元素，进行自然环境的再创造，营造宜人的生活空间。

自然地理环境是城市生存的母体，社会、经济与文化则是维系城市生存与成长的物质和精神食粮。在设计中如何体现地域传统文化精神，关注城市中人的精神气质与生存状态，提炼城市精神，进而在城市形态中呈现这种特质！

精英走向大众——当代中国城市规划与建筑教育体系、体制以及目标依然停留在精英模式，关注的是自上而下的规限和引导，以形而上学的理论研究自上而下地指导教学与实践。这导致当代中国城市建设追求形式，轻视建造过程，轻视经济规律，常常游离于现实生活之外。而大建筑学科的发展进应源自城市社会的物质性平台，对城市的大众性实践才是催生城市建筑思想的源泉。

当代城市的主流声音主要来自于少数精英大都市，主要媒体关注的是少数精英在少数精英城市中的“表演”。在当下的网络化时代、大众狂欢时代,应体现众声喧哗！数量众多的所谓“大众”城市状态才是真正代表中国的真实性灵。

我们虽然有国际一流的精英大都市，但我们仍不是发达国家，还只能算发展中国家，因为代表中国真实城市状态的“大众”城市还在迅速发展之中。我们应将目光投向“大众”城市，总结其城市演变规律，关注其城市经济与城市发展过程中的关联性，关注“大众”城市生长中的困境！

投身于“大众”城市的规划师与建筑师需要更多的“抵抗”姿态——城市经济发展状况形成对城市规划的“阻滞”,对建筑创作的“束缚”,使“大众”城市研究成为“带着镣铐的舞蹈”；

而“大众”城市与源自农业文明的封建性有更多关联，其城市人群思维也往往更少一些开放性和包容性，思维方式中的活性因子也相对缺乏，使“大众”城市的规划与建筑创作需要更多“突围”的力量和适应性。

代表了中国的“大众”城市拥有鲜明的自身特征和规律。而国外同类“大众”城市相关研究资料的相对匮乏，使中国“大众”城市的研究更弥足珍贵。在当代快速城市化进程中，中国“大众”城市建设过程中所面临的迷惘与困惑，使对“大众”城市的研究更显紧迫。

我们需要“精英”城市的引领作用，我们更需要对当下中国“大众”城市发展演进规律及建设方法的研究！

规划走向设计——千年封建专制的基因，长期计划经济的烙印，当代中国城市对计划—“规划”十分重视，重规划轻设计，当代中国城市普遍缺乏设计感！城市设计是解决中国城市病的一剂良药，重点区域、整体空间都应呈现出被城市意志所“设计”的痕迹！

用城市设计可以控制城市公共空间、城市天际线，而不必都很紧张地控制每个地块的容积率、建筑密度等，当前的分块用地规划指标控制，用城市设计加以整合，对城市三维空间的肢解就可以大大避免。

应将城市设计作为制度范畴内的一项主要元素，放在城市规划变革乃至社会发展的大背景下去思考，既要以制度创新的姿态推动整个城市规划制度的变革，又要正视自身的作用，追求“此时”的合理定位。

城市设计应按规划阶段的划分，按其设计的规模、范畴，同相应的城市总体规划或详细规划结合进行，特别是在城市重点空间形态区位的控制性详细规划阶段应融入城市设计要素！面对我国城市规划管理的实际情况，城市设计要把注意力从塑造城市终极的形态，转变为引导良好的城市空间开发，制约负面的城市形态形成。对城市公共开放空间的布局、形态、尺度、界面和步行环境的设计营造和控制，应当成为设计的核心。城市设计的当务之急并不是获得“制度保障”，而是提高可操作性，形成普遍被认可的城市设计“范式”。

解析当代中国城市建设，各种新特征、新问题，无不与“二维”模式相关联。

刘易斯·芒福德曾指出：“人类用了5000多年的时间，才对城市的本质和演变过程获得了一个局部的认识，也许要用更长的时间才能完全弄清它那些尚未被认识的潜在特性。”

我们不能停止思考，若不更加深邃，定将更加复杂，使自己处于可能性不断膨胀的视界之中。

我们想象明日城市——尝试用新的视角去重新检视熟悉的事物！

其实谁也无法准确言说未来——未来不是过去与现在的线性延展！

而未来的显现，决定于我们当下的行动指向！

都市游牧
Urban Nomadism

一种网络日志抑或精神梦呓？

图1-1 金面具

“面”谈

About Face

狮身人面、法老的金面具(图1-1),“面”昭示着“人是什么”的恒久追问……

如果说中国人特性中有许多暗锁还未被打开,那么“面子”便是打开这些暗锁的钥匙。

单面、假面、多面乃至无面,中国城市之面呈现纷繁的景象。

单面,现代性具有单面性。中世纪哥特式教堂空间奉献给神,现代主义城市则是奉献给没有具体面孔的人类,现代社会生活造就许多单面人。通用材料与技术、普适生活方式,以进步的名义,打破国界城界,差异化迅速消失,展现为库哈斯所谓的“通属城市”。在卡尔维诺《看不见的城市》中,马可·波罗至少还有看不见的城市——他心中永远的故乡威尼斯;现代强大的交通、通信和大众媒介,将人们“嵌入”共同的情境,千城一面,故乡无可识别,“乡愁”只成为“诗人”的矫情(图1-2、图1-3)。

假面,影像城市。

中国当代城市沉浸在商业文化影像氛围中,我们把握的信息是传媒包装后的信息;面对众多信息图景,我们与那些事件“本身”之间云遮雾绕,城市空间乃至建筑立面被简化为二维的图像,人们关心的只是包裹着物体的外在图景,人们习惯并期待着一种模糊、无深度、无中心,甚至也不需要提供真实世界基本意义的生活。

京剧为国粹,其人物“脸谱化”可谓登

图1-2、图1-3 千城一面
通用材料与技术、普适的生活方式、现代强大的交通、通信和媒介,将人们“嵌入”共同的情境:千城一面,故乡无可识别

峰造极，它代表重“形式”、喜“化妆”的传统；影星刘德华四川拜师学“变脸”，不全为做秀（图1-4）。有人认为，中国传统建筑是“门”的艺术，也即“面子”的艺术。china也译为“瓷”，以此可解读“面砖”何以在中国盛行，从面砖中可读出“儒”的意味！

图1-4 川剧变脸

在中国，形式问题一直占据着建筑话语的中心，这消解了建筑的社会和政治野心，使得建筑逐渐演变成一种纯粹的形式游戏，这种城市往往是匆忙、临时、外来、拼凑的，犹如戴上了面具，城市成为狂欢的假面舞会（图1-5）。“后现代”曾为中国现代建筑戴上传统的假面，而当下流行的“表皮”也可能成为现代建筑高技术高制作的假面。

多面，城市是一个故事，一个反映人群关系的图示，一个相关决策的系列，一个充满矛盾的领域，我们应同时寻求秩序与浑沌、简单与复杂、永恒与偶发的共存，私人与公共的共存，革命与传统的共存。

多面城市，是多情之城，城市成为一个吸盘；是多维之城，城市成为各种历史片断的丰富交织，是全时性城市，是有丰富剖面的城市，是可以形成立体化使用空间的城市；是多变之城，功能混合使用，空间具有兼容性、通用性；是多态之城，各种生活状态并置，既有忙碌的高效空间，也有慢的休闲景致（图1-6）。

单面城市，呈现的是单眼视域的乌托邦世界，有纳粹倾向；而单面只是城市一时之态，从历史维度假以时日，可孕育出厚重的特质。

假面城市，如浓妆艳抹的女郎，有卖春

图1-5 假面舞会

在中国，形式问题一直占据着建筑话语的中心，这消解了建筑的社会和政治野心，使得建筑逐渐演变成一种纯粹的形式游戏，这种城市往往是匆忙、临时、外来、拼凑的，犹如戴上了面具，城市成为狂欢的假面舞会

图1-6 多面城市

多面城市，是多情之城，城市成为一个吸盘；是多维之城，城市成为各种历史片断的丰富交织；是多变之城，是功能的混合使用；是多态之城，各种生活状态并置

之嫌，然而也风骚得惹人爱！

多面城市，多情、多维、多变、多态，直指人性原点，人们各取所需、所爱，却易成为欲望都市，为物欲所累。

无形城市，也许是至境，大象无形，大音希声，真正的生态、情态无形，心性至上，城已臻于无形，那是未来城（图1–7）？！

当代都市代表着经济和美学力量所呈现的最高形式，不但是经济和社会发展的一个范式，更是现代性的隐喻，一个个形而上的现实……

70年前，鲁迅说，面子是中国人的精神纲领。

70年后，解读中国城市，"儒"的国度，"面"仍是不可绕过的话题！

图1–7 未来城？
心性至上，城已臻于无形，那是未来城？！

图片来源：

图1–1金面具
网络下载http://ccdv.people.com.cn/GB/66982/5858653.html
图1–2、图1–3千城一面
网络下载http://img1.qq.com/news/20060104/2966779.jpg
http://www.4a98.com/vision/industry/119110398119144.html
图1–4川剧变脸
网络下载http://auction.artxun.com/paimai-177-883511.shtml
图1–5假面舞会
网络下载http://space.cn6154.com/?4976/viewspace-26328
图1–6多面城市
网络下载http://news.cgyes.com/uploads/userup/0808/2002535W649.jpg
图1–7未来城？
网络下载http://www.86look.com/treeskywater/productShow_145911.html

“礼”论

About Etiquette

图1–8 孔子像
礼，是儒术的核心。礼制制度渗透进整个中国社会生活，更左右着中国城市

三千年中国城市，“礼”，是一只“看不见的手”！

鲁迅说，翻开中国历史，满本都写着“吃人”，指的就是“礼”……

礼，即理，是儒术的核心，是秩序、等级制度，是使人控制自然！成熟于西周的礼制制度，渗透进整个中国社会生活，更左右着中国城市（图1–8）。

唐长安，明清北京，均呈现的是《周礼》所谓的“王城图”。其等级秩序远高于城市实际功效，建筑使用功能已退居其次；古代城邑、皇宫、王府、住宅等都与“礼”密切关联。这种一元化城市依照君主的态度来营建，“礼”具有了法的性质，非礼即犯法（图1–9）！

当代中国，封建专制体制已瓦解，然而礼制文化意识仍根深蒂固地成为整个社会的潜意识！

计划经济有“礼”的因子，这可以解释苏联模式的计划经济体制何以在中国盛行！

当代城市，权力之流（Flows of Power）已被流动的权力（Power of Flows）所取代，大马路为流动的汽车而设，机器至上，是另一种“礼”的等级制！是没有灵魂的现代性！

现代城市规划源于乌托邦、空想社会主义，从“田园城市”、“阳光城”可以窥到“礼”的因子！这揭示为什么当代中国城市与“礼”如影随形！

形式主义倾向——“形象工程”、“城市化妆运动”，是“礼”的当代投影！

科技在改变城市格局，一种生动的新城市状态——那无处不在、无法逃离的网络互联，需要我们重新审视城市建设的伦理基础！

欲求再铸造城市性格，城市是多元化的生命系统，应为居民提供生态服务，平民化时代已到来！

现代性，人作为概念化“圣人”而存在，忽视了对具体人的尊重！礼制思想浸淫下城市的物质形态被规划设计所强化，我们忘记了物质形态背后更本质的东西——人的生活！社会和经济的力量！

我们现在捍卫的唯“礼”的目标——传统城市秩序，百年后，在“游戏帝国”、“太空城”中长大的后代，是否会承认是他们的精神根系（图1–10）？！

网络、影像、娱乐时代，城市生活多元而繁复！“礼”的传统秩序，只是值得坚守的一种情结，只是城市生活中的一个因子。

儒家思想本“礼乐”相生，在营城中却重“礼”轻“乐”，“乐”的精神才直指人的本质！乐，是“仁”、“爱”、“和”，是浪漫的精神。

乐，本乎情！

当代城市，有“嬉”的因子，这种游戏性因子催生出城市生活的许多基本形式，像发酵剂一样渗入整个城市生活！

城市应作为一种自组织系统，自在生成与生长，城廓“不必中规矩”，道路“不必中准绳”。城市建设应少一些“礼”，多一些“乐”！去品鉴市井和大众文化！催生情场化社会——一场大众狂欢！

“上帝”死了，“圣人”死了，“礼”终结了？

“乐”了，“嬉”了；“人”要登场了（图1–11）！

图1–9 王城图

唐长安，明清北京，呈现的是《周礼》所谓的“王城图”。其等级秩序远高于城市实际功效，建筑使用功能已退居其次；古代城邑、皇宫、王府、住宅等都与“礼”密切关联。这种一元化城市依照君主的态度来营建，“礼”具有了法的性质，非礼即犯法！

图1–10 数字化生存

我们现在捍卫的、唯“礼”的目标——传统城市秩序，百年后，在“游戏帝国”“太空城”中长大的后代，是否会承认是他们的精神根系？！

图1–11 “人”要登场了！

“上帝”死了，“圣人”死了，“礼”终结了？

“乐”了，“嬉”了，“人”要登场了！

图片来源：

图1–8孔子

网络下载http://www.nipic.com/show/1/72/5c617a50bcfdc5b8.html

图1–9王城图

网络下载http://www.chinaculture.org/gb/cn_zgwh/2004-06/28/content_51566.htm

图1–10数字化生存

网络下载http://www.culturalink.gov.cn/sgfw/node_50002205.htm

图1–11 “人”要登场了！

网络下载http://www.islambook.net/xueshu/list.asp?id=3255589

“快”语

About Fast

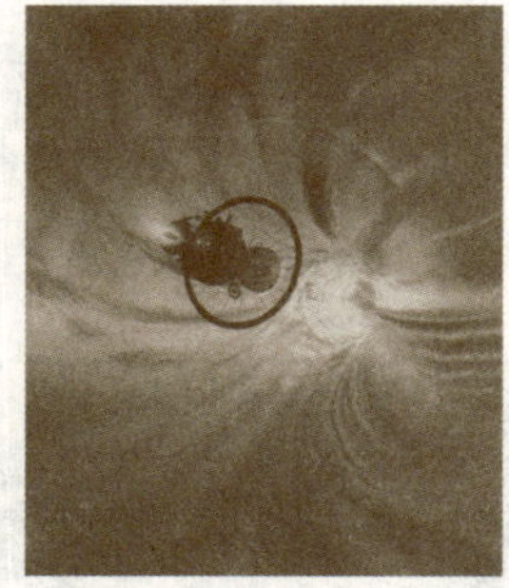

图1-12 广义相对论

图1-13 高架桥
中国城市呈现出鲜明的“速度”特征——速度是我们时代的脉搏，是对成功的追求，是对效率、财富的渴望

达尔文告诉我们：人从何处来。而谁能告诉我们：人往何处去？

物竞天择，适者生存，进化的力量擎起20世纪的辉煌；新世纪人类更高歌猛进，中国在为这场速度之役领跑。

在中国，GDP提速、火车提速、城市建设提速！中国城市呈现出鲜明的“速度”特征——速度是我们时代的脉搏，是对成功的追求，是对效率、财富的渴望（图1-13）！

现代人体验到前所未有的速度状态！城市体验变成一种脱离于身体的唯视觉抽象活动，人与城市空间关系变得越来越疏离！我们往往只记得那些符号化形象，我们对细部的感受力日渐钝化……

各大城市“跳跃式”地进入全球经济，快速地建造。雷姆·库哈斯（Rem Koolhaas）由此谈道：中国建筑师在最短的时间以最少的设计费在做最大的工程，其数量是美国建筑师的1/10，每个人在1/5时间内做5倍的项目获得1/10的设计费，这意味着中国建筑师是美国建筑师效率的2500倍。

忽视城市内在的复杂性与自然生长过程，更加剧了城市断裂，产生城市碎片！

快速化生活使城市在奔跑，成为物欲名利场！人则成为梦想或者说欲望的化身，成为悬挂在自己编织的网中的动物！自身转变成消费机器，唯一目标就是拥有更多、使用更多，人成为了物品的奴仆！——人过的是占有（To have）而不是存在（To be）的生活方式！

30多年前，“罗马俱乐部”警示我们：人类已面临增长极限的危险，一旦达到极限，增长的马达突然停止，人类的末日将来临（图1-14）！

2008年春节前的一场暴风雪凸显出文明在大自然面前的脆弱（图1-15）！现代都市依赖技术和速度而生存！

当我们把速度托给机器时，身体已置之度外；我们不屈服于独裁者，而屈服于市场、功名、舆论、“常识”这些无形的权力，同时也屈服于机器的权力（图1-16）。

反思与批判“现代性”，发现一种奇特的情绪：我们享受着文明，同时也怀念传统——一场提倡“慢”的革命正在兴起，人们希望脚步慢下来。约翰·列侬曾说，当我们正在为生活疲于奔命的时候，生活已经离我们而去（图1-17）。

介于离乡与归乡之间的现代性，特别是现代城市生活，被理解为离乡背井、四处流浪和无家可归。

一花一世界，一叶一菩提；行到水穷处，坐看云起时……这种慢生活图景，是现代社会尚未消化的历史残留？抑或相反，是永驻内心的精神根系（图1-18）？

农业文明时代怡然自得，不焦不躁的人生姿态也形成了与自然节拍彼此协调的生活速度！如今这种古老的农耕文化被炮舰轰得支离破碎，那些有价值的人生姿态还来不及清理就被掩埋在废墟中……

图1-15 当汽车被冻结
2008年春节前的一场暴风雪凸显出文明在大自然面前的脆弱

图1-16 机器时代
刘易斯·芒福德在《城市发展史——起源、演变和前景》中说：“现代人除了做一些机器至今尚未掌握的辅助性工作外，对机器集体取代人类生活毫无有效的防御办法，这个机器集体，即使在今天，仍然准备着要把所有真实的人类生活变成是多余的不要的。”

图1-14 世界水日图标
城市的最后一滴水将是人的眼泪

人有属于自己的节奏，节奏源自于心的脉动！——心说：别走得太快，等等灵魂！

慢，是罗曼蒂克！是吟唱，是诗歌，是高山流水的音乐。慢，是闲适、禅意！采菊东篱下，悠然见南山！

慢，是细节，是千百年铸就的精神圣殿！是质感！是经由无数事件打磨形成的城市肌理！

慢，是心中有“上帝”，是一种敬畏！慢，呈现精神性，它产生精神贵族！

我们渴望快，因为有欲望，有梦想，我

图1-17“慢“生活
反思与批判“现代性”，发现一种奇特的情绪：我们享受着文明，同时也怀念传统

图1-18 一花一世界，一叶一菩提；行到水穷处，坐看云起时……这种慢生活图景，是现代社会尚未消化的历史残留？抑或相反，是永驻内心的精神根系？

图1-19 夸父追日
我们奔向光辉的乌托邦图景，但是，要记住：夸父追日，触摸到太阳，融化了自己

们行进，我们征服大地！

我们渴望慢，因为我们需要有亘古属于人的节奏！我们需要仰望星空！

夸父的日就在我们头顶，光辉诱人，我们总想揽之入怀，但是，要记住：夸父追日，触摸到太阳，融化了自己（图1-19）！

图片来源：

图1-12广义相对论
[英]史蒂芬·霍金.时间简史．许明贤，吴忠超译．长沙：湖南科技出版社，2002
图1-13高架桥 蒋涤非．城市形态活力论．南京：东南大学出版社，2007
图1-14世界水日图标
网络下载http://news.xinhuanet.com/tech/2009-03/22/content_11050255.htm
图1-15当汽车被冻结
网络下载http://blog.sina.com.cn/s/blog_4d7f4a0501008c9h.html
图1-16机器时代
网络下载http://www.wallcoo.com/paint/RU_A2000_01/html/wallpaper17.html
图1-17“慢”生活
网络下载http://luxury.qq.com/a/20060823/000027.html
图1-18一花一世界
网络下载http://huodong.fetion.com.cn/zidingyi/MyShow.aspx?sid=439365810
图1-19夸父追日
网络下载www.wangyou.com

论“变”

About Alteration

图1-20 站在美国前世贸大厦俯视纽约
一部城市史，就是一部“变”史

图1-21 埃菲尔铁塔以其冒犯性的结构和美学成为现代巴黎的标志

城，因人而生，因人而变。

一部城市史，就是一部“变”史（图1–20）！

古罗马斗兽场混杂了野蛮与文明的双重气息，埃菲尔铁塔（图1–21）以其冒犯性的结构和美学成为现代巴黎的标志，城市之变是每个时代的表情，体现着当时最直接的欲望和最基本的生活心态。

我们正在抵达一个转折点：

人类第一次在建造城市的技术上几乎没有限制——我们可以营造出任何城市，只要知道自己想要什么（图1–22）！

科技已成为决定性力量！

它决定城市的形式，指出城市发展的方向——

变“大”，城市在蔓延；

变“快”，现代城市呈现出前所未有的“速度”；

变“高”，我们正在进入面向天空的群居时代（图1–23）！

“变”是矢量，应该有指向性。

当代城市，无论是处于早春时期的生态文明，或是处于残秋阶段的工业文明，都不能战胜对手、控制全局，未来城市应呈现一种“天、地、人、神共存”的生态文明！

纵向观察，城市在巨“变”（图1–24）。

横向审视，城市在趋“同”——“高速公路＋立交桥＋高楼大厦＋霓虹灯＋广告＋广场”——一种“通属城市”（Generic City）现象：当代城市只要改变一下组合元素，就可以从一个城市转移到另一个城市。这种城市是为抽象的“人类”而不是为具体的“人”。

这种城市没有思想，没有历史文脉和场

图1-22 我们可以营造出任何城市，只要知道自己想要什么

图1-23 科技已成为决定性力量，城市在变“大”、变“快”、变“高”——我们正在进入面向天空的群居时代

图1-24 纵向观察，城市在巨“变”

所精神——

城市缺失精神性，缺失“魂”！

身体是人的本性，

灵魂是人的理性，

“上帝”是人的神性；

我们在城市之“壳”内，应铸造城市之“魂”。

西方历代文明兴衰更迭，隐现出一条沿时间长轴波动发展的正弦波线，每一升降周期代表历时千年或百年不等的一代文明；新旧两代文明交替常常呈现出相叠的交织状态。

最初城市是神灵的家园，不断演变，最后城市本身变成了改造人类的主要场所。

城市不仅是居住、工作、休闲的地方，更应是新文化的孕育所——这种文化生态，应恒定“不变”！

“变”是文明的进化，是乌托邦的梦想，是城市发展的驱动力！

“不变”是文化的坚守，是差异化的追求。它生长出城市的恒久价值！

变，一种追寻！

不变，一种守望（图1-25）！

图片来源：

图1-20站在美国前世贸大厦俯视纽约一部城市史，就是一部“变”史
网络下载www.fuyibbs.com
图1-21埃菲尔铁塔以其冒犯性的结构和美学成为现代巴黎的标志。
网络下载www.wallcoo.com
图1-22我们可以营造出任何城市，只要知道自己想要什么
网络下载www.shejia.com
图1-23科技已成为决定性力量。城市在变“大”、变“快”、变“高”——我们正在进入面向天空的群居时代
网络下载www.fuyibbs.com
图1-24纵向观察，城市在巨“变”。
网络下载 http://travel.huanqiu.com/photo/2008-09/228178_6.html
图1-25变，一种追寻！不变，一种守望！
网络下载www.86image.com

图1-25 变，一种追寻！不变，一种守望！

“新”说

About Freshness

图1-26 美国时代周刊封面
China ‘s New Dreamscape(中国的新梦境)
The world most visionary architects are transforming the Middle Kingdom in the greatest building boom ever(世界上最幻想的建筑师正改变着中国的形象)

辞旧迎新，总让人喜气！

破旧立新，更是我们的传统。《阿房宫赋》：楚人一炬，可怜焦土——新王朝将前朝旧城付之一炬，“总把新桃换旧符”，破四旧、革新、革命——都是为“新”。

“新”——总让人宠，新娘、新人、新生儿。

当代中国城市追逐的是“新”……

狂飙突进的城市化妆运动，多数城市迅速完成了对自身的“颠覆”，呈现出青春期的症候，有的是荷尔蒙！

对汽车的崇拜，正建构出新的城市空间结构；对网络的依赖，正在解构我们依靠边界和围栏构造的世界；建筑的布景化，正使城市成为喧嚣的舞台。我们的大都市正迅速“纽约化”，我们成为彻彻底底的雄性，我们将物质、能量、运动与变化奉为“神明”（图1-27）。对西方城市图腾的向往，幻化成革命的野心，穿越时空，正在魔法般地变成现实！

而这“新”，真是我们的“欲”？我们要什么？我们是什么？

其实人是一种奇特的矛盾体！

我们既喜“新”，也怀“旧”。

都市怀旧，是信息时代社会结构重大调整波及社会心理的投影，是对城市经验和记忆的整理——它同时塑造着我们对于城市的新认知。

城市像一个古人和今人共同生活过的大营地，许多元素遗留下来，每个时期的人造

图1-27 我们的大都市正迅速“纽约化”，我们成为彻彻底底的雄性，我们将物质、能量、运动与变化奉为“神明”

图1-28 城市像一个古人和今人共同生活过的大营地，许多元素遗留下来，每个时期的人造环境层层垒叠，构成了城市厚重的不同时期的考古断面

图1-29 日本啤酒厂改造的惠比寿花园广场
“旧城更新”是一种新旧结合，既为旧城带来新活力，又保存旧城市重要历史信息

环境层层垒叠，构成了城市厚重的不同时期的考古断面，正是凭借着对传统价值的执着，昨日的社会以及社会化进程中相继出现的各个时期才得以存续至今（图1–28）。

怀旧是一种乌托邦精神情结。

美国黑人寻“根”的故事，曾在当代社会引起共鸣，有一首《把根留住》的歌曲，多年一直在传唱。对“根”的眷念，折射出现代人怀旧的心结。

“旧”是大地；“新”是阳光。

“旧”使人安稳；“新”使人兴奋。

新旧结合，可生成新的城市文脉，延续历史形态，从而把历史形态融入新的城市形态。

“旧城更新”是一种新旧结合，既为旧城带来新活力，又保存旧城市重要历史信息（图1–29）。

“再生建筑”也是一种新旧结合，赋予旧建筑以新生命（图1–30）。

图1-30 上海老厂房改造的多媒体创意产业中心
“再生建筑”也是一种新旧结合，赋予旧建筑以新生命

图1-31 清明上河图局部
"旧"是过去的"新",
"新"是未来的"旧"

新旧结合,是一种共生,是不同个体形态在一定城市场所下相互依存。

新旧共生之所以可能,缘于承认在不同文化、不同的要求之间以及在二元对立的两个极端之间的神圣领域!正是这种神圣领域,过去、现在和未来的关系,人类、技术、自然的关系,城市形态在这些多变而复杂的关系中生长出丰富性。

没有"旧",人类将无所归依;

没有"新",人类会失去动力。

"旧"是过去的"新","新"是未来的"旧"(图1-31)。

从"道"——没有"旧",无所谓"新"。

从"人"——新旧共生,生命情境而已!

图片来源:

图1-26美国时代周刊封面

网络下载http://news.ifeng.com/history/vp/200906/0603_5626_1186169.shtml

图1-27我们的大都市正迅速"纽约化",我们成为彻彻底底的雄性,我们将物质、能量、运动与变化奉为"神明"。

网络下载http://objectsperdidos.blogspot.com/2007_08_01_archive.html

图1-28城市像一个古人和今人共同生活过的大营地,许多元素遗留下来,每个时期的人造环境层层垒叠,构成了城市厚重的不同时期的考古断面。

网络下载http://photos.nphoto.net/photos/2007-09/24/ff8080811505306401153341e024d1b8b.shtml

图1-29日本啤酒厂改造的惠比寿花园广场

网络下载http://news.sz.soufun.com/2009-06-12/2622014.html

图1-30上海老厂房改造的多媒体创意产业中心

网络下载http://gzhxh1.blog.163.com/

图1-31清明上河图局部

网络下载http://www.nipic.com/show/2/27/c372b94f51a1087e.htmls

"和"声

About Harmony

图1-32

当代城市，缺"和"。

人类最初筑城，为"和"。

"和"是个人修养与社会生长的胜境（图1-32），是"乐"的精神，浪漫，情感，意志，生机！是春天的垂柳，是佛祖拈花微笑的姿态（图1-33）！

"和"是一种"中"，即"中和"（moderation），我们自取国号"中国"，不止于地理上的印象，也昭示一种生活轨范（图1-34）。

罗素谓人类有三种冲突：

人与自然；人与人；人与自身内心。

庄子则将"和"分解为：

天和、人和、心和（图1-35）。

"天和"，即"与天合"，天人合一，将人归于宇宙秩序，是一种"孝敬"，是酬谢生的大惠。

"人和"，即人乐，父父、子子、兄兄、弟弟、夫夫、妇妇，万物各得其理而后和。

与世俗共处，无争无怨、相安和谐、群策群力的社会，共生共栖之境。

"心和"，善、美浸润于心灵深处，心灵游牧于人生和谐之境，驰骋于多彩世界。

我们所崇尚的仪式化场面，不能代替古已有之的日常性生活——恰恰是这些生活性因素维持着人类文化的生长与繁衍！

我们膜拜机器，城市已离不开机器，而这些机器对我们生活的目的怀有本质上的敌意！

各种没有理智的残忍力量，在威胁人类生存！

城市功能结构彼此分离，必须整合，以统一人的内部与外界生活，以适应生命有机世界的富饶（图1-36）。

支离破碎的人性、人格应重新统一，

图1-33 "和"是个人修养与社会生长的胜境，是"乐"的精神，浪漫，情感，意志，生机！是春天的垂柳，是佛祖拈花微笑的姿态！

通过城市功能设施的整合，把职业分隔、社会分隔的人——官僚、专家、能手变成社会的人，大同世界的人。

生命的力量聚集在一起——应该开始一场新的城市功能聚合演义！

不应再是"天无二日"的时代，世界已呈现多元价值格局，十日并出，"万物负阴而抱阳，冲气以为和"——开放社会中开放心灵的城市图景！

城市应当是一个爱的器官！应具有母亲般养育生命的功能，应是一个神祇的家园（图1–37）！

城市的责任，在于通过自身复杂、持久的机能，使城市舞台上演的每台戏剧，具有最高程度的思想光辉，善的目标和爱的色彩！

天、地、人、神，和为贵！

图1–34 天坛

"和"是一种"中"，即"中和"(moder-ation)，我们自取国号 "中国"，不止于地理上的印象，也昭示一种生活轨范

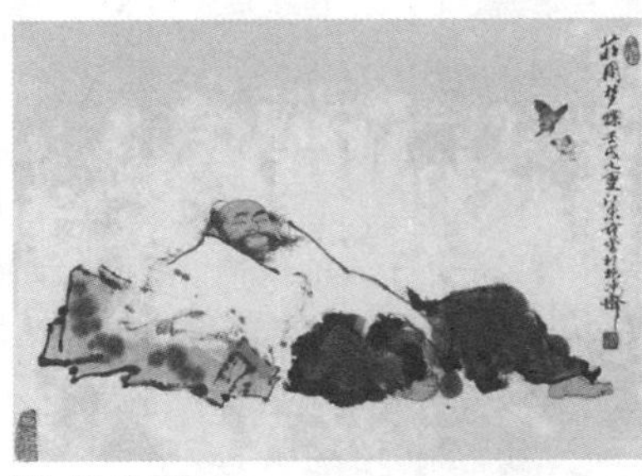

图1–35 庄子图

庄子将"和"分解为：天和、人和、心和

图1–36 城市功能结构彼此分离，必须整合，以统一人的内部与外界生活，以适应生命有机世界的富饶

图1–37 城市应当是一个爱的器官！应具有母亲般养育生命的功能，应是一个神祇的家园

图片来源：

图1–33"和"是个人修养与社会生长的胜境，是"乐"的精神，浪漫，情感，意志，生机！是春天的垂柳，是佛祖拈花微笑的姿态！

网络下载 http://qzone.qq.com/blog/57313332-1220682015

图1–34 天坛

网络下载 http://news.xinhuanet.com/world/2008-08/23/content_9637584.htm

图1–35 庄子图

网络下载 http://wenhua.eco.gov.cn/3/1/3/2/2009/0703/135027.html

图1–36 城市功能结构彼此分离，必须整合，以统一人的内部与外界生活，以适应生命有机世界的富饶。

网络下载 http://www.jysls.com/thread12358965844.html

图1–37 城市应当是一个爱的器官！应具有母亲般养育生命的功能，应是一个神祇的家园！

网络下载 http://www.nipic.com/show/2/27/41dd9f2c68c0c022568.html

突“围”

Wall Breakout

图1–38 中国是横陈在永恒天空下面一种沟渠堤坝的文明，宽广而凝固，四周都是城墙

福柯认为：中国是横陈在永恒天空下面一种沟渠堤坝的文明，宽广而凝固，四周都是城墙（图1–38）。中国古代城市是一种“墙套墙”的形制，“墙”既成为了建筑单体的起始点，也成为了城市乃至国家形态的最终表征。新中国成立以来，单位（社团）成为中国城市社会的基本细胞。大院是单位用地的围墙，它是单位在外观上存在的标志，所以也可称单位为大院。它将城市用地切割成一个个小块，它们在形式上一直延续着“围墙”的传统。

当下的中国正在全面进入以“大”和“速度”为特征的城市化运动，我们发现那种源于代代相传的“居中之国”、“邻国相望，鸡犬之声相闻，民至老死，不相往来”的内向意念仍然深深影响着我们的思维和行为方式（图1–39）。“自我封闭中心”在新城中依然随处可见。同时，由于长期行为积淀所形成的行为惯性以及组织与制度变迁过程中的思维惰性，使得改革开放前的单位组织价值观念和行为规范依然以“大院”的形式出现（图1–40）。

通过观察由城市空间的私有化、治安维护、监督、管理以及设计新发展所引起的“集中化社会和空间控制”现象，当代大都市中充满了各种不同的保护与隔离空间、封闭性岛屿以及面对日常生活中的危险而希望受到保护的渴望。借鉴福柯的说法，当代大都市是“监禁城”的集合——一个“规范化封闭体”的群岛和被包围的空间，它有意和无意地把个人和团体阻隔在一个个可见或不可见的城市孤岛上，并受到经过重组的公共和私人权力或权威的监督。当代城市呈现出一种“地方性恐慌生态”。

豪华生活格调的捍卫演绎成对技术安全系统的迷恋，以及从建筑上控制社会边界线的迷恋，成为20世纪90年代对正在崛起中的建成环境的主导性叙述，成为城市重构的主流。

“安全”成了一种地位上的好处，由收入

水平决定能否获取为私人提供的“保护性服务”，并只有在一些被包围的领土上才有享用的资格。作为名望的标志——有时也作为小康水平与“真正的富裕”间的决定性分界线。

新的“围墙”城市，是一种治安迷恋的都市活动的反映。门禁社区是指限制进入的、把正常公共空间私有化的住宅区。它是指定范围内出于安全考虑而发展起来的区域，通常有墙或篱。对罪犯的恐惧已成为影响当代大都市形态的主要因素。

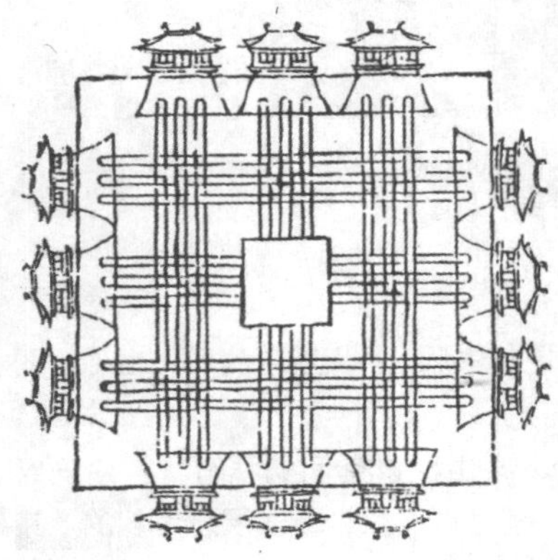

图1-39 那种源于代代相传的“居中之国”“邻国相望，鸡犬之声相闻，民至老死，不相往来”的内向意念仍然深深影响着我们的思维和行为方式

图1-40 中国城市公共空间边界“墙化”现象

另外，由于我们今天过于关注可见的建筑形式以及规划的种种限制（如分区的限制、后退红线的规定等），结果在现代城市空间中，一些珍贵的东西如城市公共空间的“公共性”，正在消蚀。与公共性毫无关系的城市空间，加速了丰富多彩的社会生活的泯灭。这种现代主义城市的功能纯化和分化观念进一步造成当代中国城市的“墙化”现象。

C·亚历山大认为：“每座建筑在其附近都必须创建既有机联系又优美典雅的公共场所。”而当今中国城市，人们往往把建筑物而不是空间作为关注的主焦点。将建筑物之外的空间作为可有可无的负空间，是当代中国城市缺少活力的主要原因：只重视建筑物围合的以及围墙内的空间，忽视城市公共生活空间。

反思中国当代城市“墙”化现象，以及公共生活空间缺失问题，应该结合国内外城市公共生活空间理论与实践的发展趋势，审视我国城市建设中快速发展、功能面临结构性重组的形势，摸索总结适合我国国情的“公共生活空间”营建理论。

以“公共生活空间”为取向的城市是从城市环境与实际生活的互动出发，以营造城市公共生活为核心，结合社会经济发展，不断孕育出宜人的公共空间（图1-41），将“墙”化的缺乏活力和内涵的负空间转变为生机勃勃、含义丰富的城市公共生活空间。好的公共生活空间应做到既能适应社会生活的千变万化，又能保持一种超乎寻常的恒久属性，即向市民传达永久的和共同的精神感受；既要对各种形式的普通生活予以极大关注，又要对社会的发展进步保持高度敏感。

总之，公共生活空间的营建应从关注市民日常生活出发，既要表达多元化的具体要求，又要体现那些超验的共同认识。将城市

图1-41 以营造城市公共生活为核心，结合社会经济发展，不断孕育出宜人的公共空间

生活的管理与社会稳定的维护从硬性的强制与围栏方式向更为软性的意识形态操控和重塑城市想象这一方式转换。营建公共生活空间的努力必须依赖于动员市民参与以及唤醒人们从属于城市的意识。只有城市社会公共性意识的觉醒，才能使当代中国城市突“围”，真正走向公共生活空间。

图片来源：

图1-38中国是横陈在永恒天空下面一种沟渠堤坝的文明，宽广而凝固，四周都是城墙
网络下载http://www.nipic.com/show/4/79/3493a4b68b2bb282.html
图1-39那种源于代代相传的“居中之国”“邻国相望，鸡犬之声相闻，民至老死，不相往来”的内向意念仍然深深影响着我们的思维和行为方式
廖世璋.都市设计应用理论与设计原理.台北：詹氏书局，1998
图1-40中国城市公共空间边界“墙化”现象
齐康.城市建筑.南京：东南大学出版社，2001
图1-41以营造城市公共生活为核心，结合社会经济发展，不断孕育出宜人的公共空间
网络下载http://images.google.cn/images

“门”道

On Door

人是悬挂在他自己编织的具有意义的“网”上的动物。

——马克斯·韦伯

图1-42 西方概念中的“门”

谈到西方之“门”，齐美尔指出：“门在屋内空间与外界空间之间架起了一层活动挡板，维持着内部和外部的分离……墙是死的，而门却是活的：自己给自己设置屏障是人类的本能，但这又是灵活的，人们完全可以消除屏障，置身于屏障之外……因此，门就成为人们本应或可以长久站立的交界点。门将有限单元和无限空间联系起来。通过门使有界和无界相互交界。它们并非交界于墙壁这一死板的几何形式，而是交界于门这一永久可交换的形式。这是西方概念中的“门”（图1-42）。它是“灵活的”，是“永久可变换的形式”，也就是具有实际功用的整体建筑物中的一个“活动挡板”。

西方还有另一种意义上的门——凯旋门，这是一种象征物，本身并不具有限定空间、组合空间的具体功用，其实与其说是门，勿宁说是一种象征胜利意志的雕塑。所以在西方，只有第一种才是真正意义上的“门”，它是附属于墙、附属于建筑物的，因而设计“门”自然不能显示出专注于空间与形体的建筑师们的当行本领。在对西方文化思潮的大量引进中，“门”的设计少有人提及。

在对中国古建筑设计意匠、设计原理的阐释方面，李允鉌先生有自己独特的见解。他十分强调中国古典建筑中“门”的作用，他在《华夏意匠》中作了如下评述：

——“门”和“堂”的分立是中国建筑很主要的特色；

——“门”制成为中国建筑平面组的中心环节；

——中国建筑的“门”担负着引导和带领整个主题的任务；

——中国建筑的“门，同时也代表着一个平面组织的段落或者层次（图1-43）

他甚至直截了当地说：“中国古典建筑就是一种‘门’的艺术。”“门”在中国建筑组群构成中起着十分重要的作用，一处处建筑组群需要大门、边门、后门，一进进庭院需要院门、旁门、角门。内向、多进组合的庭院式布局，自然带来了各式各样、数量繁多的单体门品类。

唐代著名诗人杜牧在《过华清宫》写道："长安回望绣成堆，山顶千门次第开。一骑红尘妃子笑，无人知是荔枝来。"千"门"成为重要的城市意向。

对门在中国建筑组群布局中的作用，侯幼彬先生在《中国建筑美学》中作了详尽的叙述。"门"起着十分重要的铺垫作用：①构成门面形象；②组构入口前导；③衬托主体殿堂；④增加纵深进落；⑤标志庭院层次（图1–44）。

中国庭院式建筑对单体门的调度的确达到匠心独运的纯熟境地。在中国古建筑中重视门，有其深刻的社会伦理内涵。儒家的核心是礼制，就是维系天地人伦上下尊卑的宇宙秩序和社会秩序的准则，它深刻体现在中国古代建筑之中。而"门"是这一影响最深刻的表现形式之一。中国社会制度结构与宗教关系及宗法制度密不可分，中国的"家"、"国"同构是等级宗法制度的直接结果，社会上一个个"个人"，是以"家"的面貌出场，作为"家"的符号。鲁迅先生在《家庭为中国之基本》中提到"国"只不过是放大了的"家"，所以在中国，建都城与营造自家庭院，都首先重视"门"（图1–45）。《周礼·考工记》就载有："匠人营国，方九里，旁三门……"

私家庭院的门更是十分考究，而宗法制度的体现是严格的等级制度和长幼尊卑观念，这造成了"门"的形制的多样化，也造成了"门"的定型化。在中国，"门"往往昭示的是等级和地位，有"朱门"也有"柴门"……。

在当代中国，"门"往往成为建筑"思想"的外泄，是建筑趣味的风向标，是建筑活动的"点睛之笔"。当代中国，作为社会结构细胞仍然主要是"单位"，也即"大家"，每个"单位"都力图营造出"家"的感觉，"门"也就成为内与外的分界重要标志，是单位"面子"的象征，往往不惜工本，"语不惊人誓不休"。这样，假建筑师之手，"门"集中折射出建筑者及建筑师的伦理价值观念。

中国的现代化与西方发达国家的现代化之间有一个十分大的时代落差。我们是在西方工业文明已经高度发达，并开始向后工业文明过渡之时才开始向工业文明过渡，这种历史错位，使得原本以历时的形态依次更替的农业文明、工业文明和后工业文明在置身于开放的世界体系之中的中国社会里，转化为共时的存在形态。与此相适应，以人与自然的自在和原始的"合一"为内涵的传统农业文明的文化精神，以技术理性和人本精神为内涵的现代工业的文化精神以及消解主体

图1–43 北京天安门

图1–44 "门"在中国建筑组群布局中起着重要的铺垫作用

性、解构自我、重建人与自然的统一为特征的后工业文明的文化精神在中国的现代化进程中同时出现，同时从不同角度冲撞、挤压、困惑着中国民众。所以在“门”的设计上各种风格纷呈，有西洋古典、中国古典、现代派简洁的体块穿插（图1-46）。有后现代的符号拼贴，有解构主义的“突变、奇绝、散乱”，反映出整个社会的多元价值规范。而我们同时也看到，在西方建筑文化影响下，中国当代建筑师对“门”的重视有相当程度的减弱。

面对“门”概念的变化和纷呈的“门”的样式，我们不必担心我们的文化传统会丢失。来自血脉相传的传统基因，是绝不会自动消亡的。笔者相信“门”作为中国古典建筑的核心艺术之一，作为儒家“礼制”传统的象征物之一，在中国不会消亡。随着中国经济的日益强大，“东风西渐”之时，在充分吸收了西方文化“养料”之后，一个完整、健全的新的中国文化和中国人格一定会自立起来，完成真正意义上的中国“门”的回归。

图1-45 鲁迅先生在《家庭为中国之基本》中提到“国”只不过是放大了的“家”，所以在中国，建都城与营造自家庭院，都首先重视“门”

图1-46 风格各异的“门”

图片来源：

图1-42西方概念中的“门”
网络下载http://www.nipic.com/show/3/49/f7010f986de3013d.html
图1-43北京天安门
网络下载http://news.zj.com/detail/742808.shtml
图1-44“门”在中国建筑组群布局中起着重要的铺垫作用
网络下载 http://archihome.blogspot.com/2007/05/blog-post_14.html
图1-45鲁迅先生在《家庭为中国之基本》中提到“国”只不过是放大了的“家”，所以在中国，建都城与营造自家庭院，都首先重视“门”
网络下载http://news.sina.com.cn/
图1-46风格各异的“门”
网络下载 http://photos.nphoto.net/photos/2007-09/30/ff808081153b85430115548e76de7277.shtml

"情"场

Romantic Space

图1-47 有人情味、有亲和力的场所，即城市情场，是市民们钟情的日常生活空间，它体现的是城市生活的日常性

城市首先是一个神话，一个故事，一个能够帮助我们把家园安置在现代性中的讲述。要让城里人走出那些性灵流放的凄凉故事和走出萦绕心头的灰色、多雨的乡下，就要在城市中建立一种如在家中的感觉，把过去与传统变成一个可归依的空间，而不是一个无望的命定。为此，城市就应该成为这样一个场所：在这儿，各种各样的历史、语言、回忆和痕迹在新的视野结构中不停地交织和重新组合。

有人情味、有亲和力的场所，即城市情场，是市民们钟情的日常生活空间，它体现的是城市生活的日常性（图1-47）。城市磁场即有魅力、有吸引力的场所，有视觉冲击力的场所（图1-48）。城市成为一个吸盘，吸引外来者（包括投资者、游览者），吸引自身的市民，它体现的是对心灵的吸附力，展示的是城市的魅力。

城市是各种年龄、各种种族、各种文化和各种活动的结合，社区和自治的混合，熟悉和惊奇的并存。

我们所习见的日常生活场景：给街道带来生气的沿街咖啡店，公共广场中生动活泼的景观，以及构成生活邻里的作坊与商店，

图1-48 城市磁场即有魅力、有吸引力的场所，有视觉冲击力的场所

图1-49 城市，应该是充满浪漫的地方……城市的一道阳光，一声问候，一次偶遇，都可以让人领略感动！

这些才是真正具有人情味的城市公共生活。

城市更重要的不是其外表的物理几何形态，而是发生在那里的事件。城市的生活不是由建筑的形式或装饰所给予，而是由在那儿遇见的事件和情境的特质所赋予。

城市，应该是充满浪漫的地方……城市的一道阳光，一声问候，一次偶遇，都可以让人领略感动（图 1–49）！

总是情境让我们成为我们自己！在这种地方，公共生活与公共场所可以取得完美的交融，在互动中演出一场精彩的人间戏剧。

图片来源：

图1–47有人情味、有亲和力的场所，即城市情场，是市民们钟情的日常生活空间，它体现的是城市生活的日常性

网络下载http://www.chongweikk.com/2008_11_01_archive.html

图1–48城市磁场即有魅力、有吸引力的场所，有视觉冲击力的场所

网络下载http://www.abbs.com.cn/bbs/

图1–49城市，应该是充满浪漫的地方……城市的一道阳光，一声问候，一次偶遇，都可以让人领略感动！

网络下载www.worldarchitecturenews.com

“杂”谈

About Impurities

图1-50 城市之生命，在杂！

城市之生命，在杂（图 1-50）！

杂即混杂，即交叉、渗透、多样；杂是异质体，美好城市呈现的就是异质共生的纷繁景象！

城市作为生命体，就是将城市作为人类活动的形式，模拟生命的机制。对于机械来说，部件的作用是完全确定的，而生命体器官的作用则是复合的。即便是细胞与细胞或是神经这样的生命器官，不完全是物理式的连接，而是具有很多空隙的信息式连接。虽然生命体中存在着空隙，但是在这种空隙内，各种各样的信息键在相互传递保持着联系。

图1-51城市不断生长、积累、沉淀——多元杂存，现代、后现代……形成纷繁的城市景致，多元的生活样态

在生命体中拥有很多复杂多余的空隙及场所是以加入多余物为基础而形成的，生命体常常会混入异体，在混入夹杂物或其他生命的情况下生存。靠异质物而维持的生命体，与靠排除杂质而组织起来的机械，有着根本性的区别。这些空隙中的异质物就是联结键，正是与夹杂的异质物的共生，才恰恰表现出了生命体的活力。正是这些“空隙”或“中间领域”的暧昧性、不确定性表现出生命的特质，形成复杂的有机组织形式。

城市之魅力，在杂！

城市不断生长、积累、沉淀——各种建筑风格，现代、后现代，解构、建构，西洋古典、中国传统……形成纷繁的城市景致，多元的生活样态（图 1-51）。

图1-52 一个在历史中被无数使用者打磨和变动过的都市空间比一个被一次规划设计一次性建造的空间更有人情味和魅力

当我们的城市设计者出于效率、安全、

卫生、健康等考虑，将城市中的弯曲巷道、多样性建筑甚至沿街摊点通通从城市视域中清除殆尽，城市也就失去了原有的生机与活力。在历史旧区的巷弄中穿行，其间生活的纷繁、亲密的氛围、居民增删改建时体现出的生活智慧及斑驳的生活印记更具拨动心灵的力量。一个在历史中被无数使用者打磨和变动过的都市空间比一个被一次规划设计一次性建造的空间更有人情味和魅力（图 1-52）。

图片来源：

图1-50城市之生命，在杂！
网络下载http://www.sxhzbctv.com/Photo/lydt/200610/29.html
图1-51城市不断生长、积累、沉淀——多元杂存，现代、后现代……形成纷繁的城市景致，多元的生活样态
网络下载www.jzcad.com
图1-52一个在历史中被无数使用者打磨和变动过的都市空间比一个被一次规划设计一次性建造的空间更有人情味和魅力
网络下载：http://www.nipic.com/show/1/73/3bf60c20fa9823b4.html

新生活

New Life

图1-53 《走向新建筑》——勒·柯布西耶宣言，基于新技术，基于建筑个体，现代城市走向了分离

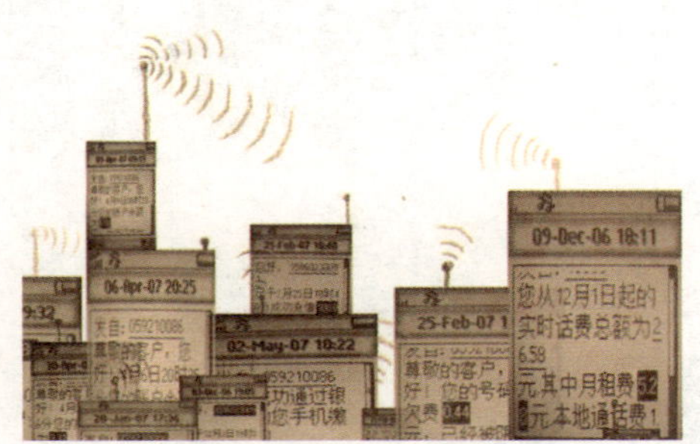
图1-54 人们在“虚拟空间”中形成新的时空观——时间和空间由相互缠绕走向逐步分离，“那里”既是“这里”，“此时”也是“彼时”。

《走向新建筑》——勒·柯布西耶宣言，基于新技术，基于建筑个体，现代城市走向了分离（图 1–53）。

走向“新生活”，基于后现代情境，基于新公共生活，我们应结束城市分离。直面“新生活”，是我们建构当下和未来城市的原点！

新**“虚拟”**生活。原子时代已经过去，我们置身于网络互联，数字化生存正在解构依靠边界构筑的几何世界。城市公共生活正日渐从物质空间移至“虚拟空间”（图 1–54）。虚拟公共生活的兴起产生新的公共空间模式，也挑战了传统都市公共空间存在的必要性。

电子技术正在“解构”我们对于未来的预见能力；网络生活正在“解构”我们依靠理性设置的公共生活过程。

新**“消费”**生活。当代消费空间起着创造生活方式的作用。消费生活塑造城市风格，也构筑市民生活——当代城市空间形态呈现为一种消费生活形态（图 1–55）。

消费文化无疑成为城市文化生活的主宰和“调控器”，市场经济将文化从原本纯粹的精神需求层面推向更多娱乐消费层面，从而使文化具有了鲜明的消费性。商品渗透进文化形式和产品之中，通过提供新艺术生产手段，新文化消费方式充实着市民文化生活。“购物可以证明是现存公共活动的唯一形式。通过一种日益加剧的掠夺的斗争，购物开始殖民甚至是取代都市生活的各个方面。历史性的城市中心、郊区、街道以及当今的火车站、博物馆、医院、学校、互联网甚至于军事越来越由购物场所和机构来控制。教堂是吸引信徒的购物中心。飞机场正广泛地从将旅客转化为顾客中获利。博物馆正在努力向购物转化以便获得生存"。

新**"交通"**生活。城市本质上应该是转换的场所，是机动性的场所。高效的移动已经成为当今社会基本价值，成为实现社会变革、发展进步的前提条件，成为人们选择做什么、选择如何生活的前提条件；可移动能力已经成为人类的"根本权利"，它是通达其他，诸如工作、居住、教育、健康权利的必要条件。

图1–55 步人消费时代，商业文化渗人人们的日常生活，无论白天黑夜，城市总在追求明亮华丽，各式各样的广告无所不在地向人们昭示新"消费"生活

在追求效率至上的今天，城市交通空间具有公共性品质，成为交流场所。作为容纳流动人群的电车、汽车或者人们活动场所的道路本身，应该成为具有新意义的承载人们日常生活的重要空间。

新**"游戏"**生活。当代城市的迪斯尼化、娱乐中心化是城市游戏性的新表征，游戏成为人生的抽象，它催生出当代生活的许多形式（图1–56）。

在市井中，工、商、医、农、僧、生、官可以比肩而立，歌舞戏曲与巷陌小技可以同时登场；才艺的交流、小商品的交换、观点的交流，成为城市日常公共生活的主要内容；周期性的节日庆典、展示会、狂欢、游行，更可以宣泄市民充沛的激情。城市公共空间成为演出人类生活戏剧的大戏台。

新**"文化"**生活。后现代城市文化是追求强烈狂欢与体验的生存方式。人们习惯并期待一种模糊的、无深度的、没有中心的、甚至于也不需要提供真实世界基本意义的生活（图1–57）。

大众文化产业的扩张不仅是文化商品与信息市场的扩大，而且体现在商品的购买与消费行为不断被弥散的文化影像所控制、引

图1-56 城市是一场不断变化的复杂的游戏。人不仅是游戏规则的制造者和游戏进程的观看者，同时也是游戏的参与者

导。电视、电影、流行音乐、旅游、时尚与休闲等大众文化产业得到空前发展。后现代城市更多是影像城市，城市的日常生活与休闲生活，都摆脱不了文化影像的影响——用数码电子技术制作的广告、明星、商品的影像，已是今日中国繁华都市的文化表征。

古典生活、传统生活——牛顿空间、静态空间、几何空间——经典城市空间（图1-58）！

"新生活"、后现代生活——爱因斯坦空间、动态空间、混沌空间——后现代城市空间（图1-59）！

图1-57 后现代城市文化是追求强烈狂欢与体验的生存方式

图1-58 古典生活、传统生活——牛顿空间、静态空间、几何空间——经典城市空间!

图1-59 新建筑的实验场——迪拜

图1-60 80后，90后，……——新的未来世界城市图景，一定异趣于我们对当下城市的审美情致!

城市公共生活空间正在加速重构，我们颠覆了古典城市!

我们建构的经典、追逐的时尚，是否有恒久价值!谁又会颠覆我们?

80后，90后，……——新的未来世界城市图景，一定异趣于我们对当下城市的审美情致(图1-60)!

超越前人，城市应建构"新生活"。

关爱未来，城市应包容"新生活"。

当下，"新生活"建构是我们的责任与担当!

图片来源：

图 1-53《走向新建筑》——勒·柯布西耶宣言，基于新技术，基于建筑个体，现代城市走向了分离
网络下载 http://hi.baidu.com/zks929/blog/item/dae011629abdfcd5e7113ad7.html
图 1-54 人们在"虚拟空间"中形成新的时空观——时间和空间由相互缠绕走向逐步分离，"那里"既是"这里"，"此时"也是"彼时"。
网络下载 http://news.sina.com.cn/photo/
图 1-55 步入消费时代，商业文化渗入人们的日常生活，无论白天黑夜，城市总在追求明亮华丽，各式各样的广告无所不在地向人们昭示新"消费"生活
网络下载：http://www.citygf.com/TR/013003/001/200905/t20090518_52837.html
图 1-56 城市是一场不断变化的复杂的游戏。人不仅是游戏规则的制造者和游戏进程的观看者，同时也是游戏的参与者
网络下载 http://images.nciku.com/sourcing_images/6/6701_getty_20080128162446.jpg
图 1-57 后现代城市文化是追求强烈狂欢与体验的生存方式
网络下载 http://blog.chinatimes.com/essay/gallery/image/11538.html
图 1-58 古典生活、传统生活——牛顿空间、静态空间、几何空间——经典城市空间！
网络下载 http://www.nipic.com/show/1/7/f92bd205b47aaf4e.html
图 1-59 新建筑的实验场——迪拜
网络下载 http://www.china.com.cn/photo/txt/2008-03/10/content_12125912.htm
图 1-60 80 后，90 后，……——新的未来世界城市图景，一定异趣于我们对当下城市的审美情致！
网络下载 http://www.loveufo.com.cn/FNewsPaper/tianwenhangtian/tianwenkexue/33613195455.html

“新城”病

New City Issue

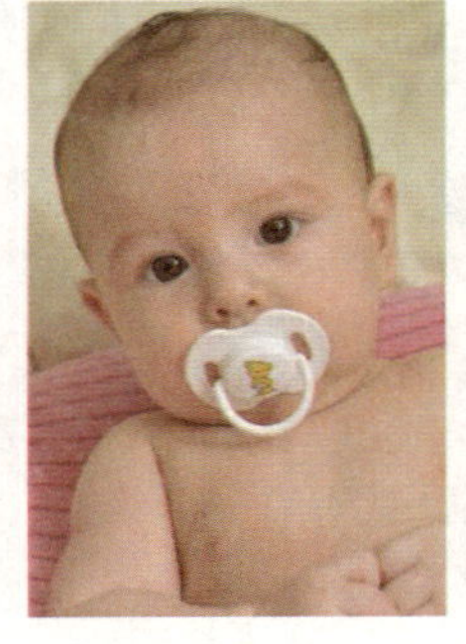

新城状态？

旧城肌理？

图1-61

20世纪90年代以来，我国几乎每个城市都建设了新城区，对原来的城市形态产生强烈冲击，成为城市跳跃扩展的主要载体。摆脱旧城改造的高成本与慢速度，以激进式的新城建设，快速推进城市发展，从而形成新旧两城的城市格局。当代中国，新城往往也成为新一代城市的行政、经济、文化中心。中国新城建设显著特征是：社会流动性日益复杂，而城市运转系统总去适应某种已成定式的都市发展模式（图1-61）。

现行的规划设计往往是一种图形式的平面战略，其方法受“重形象、轻经济，重局部、轻整体”的传统思维模式影响，过分强调群体构图和视觉景观效果，缺乏对市场经济机制下的街廓和产权地块层面等城市形态要素特点和规律的深入认识。

中国城市在快速制造中呈现的这些生长特征，难以避免地染上“新城病”。

空间的断裂“生”态

城市新区受计划经济模式影响，多在城市主次干道的两侧成线形分布，在宏观形态上形成沿街“一层皮”的特点，而“皮”背后的腹地则是大型单位的居住区、工厂区或办公区。

而“小而全”单位制独立大院仍然在城市新区里星罗棋布，成为特定历史条件下中国现代城市空间结构中一个基本用地模式。

尽管城市规划不断受到市场经济的挑战，当代新城仍然系统地体现了规划对城市的塑造。容积率、日照间距、建筑密度、绿地率、退后红线等规划指标对城市形态的形式起了关键作用——阻止城市获得密度，强迫建筑控开距离。

当前中国城市公共空间常常互不关联，城市中的单体建筑都在突出自己，城市往往成为被建筑物占据后的负空间，公共利益、公共空间没有得到真正关注，当代中国城市空间因而往往呈现出片断化倾向。另外，受中国计划经济模式以及《雅典宪章》所倡导的功能理性的影响，当代中国城市建设者及设计者仍然常常把城市机械地割裂为功能区。

在新城区道路的建设过程中，建筑退让等造成道路两厢建筑呈明显的"断裂"现象（图1–62），如同外科手术后的“伤口”。当前中国多数新城区都处于明显的生长期或青春期，是一种未完成态，一种“生”态，而不像巴黎、伦敦等已呈现的是一种“熟”态。这有一个发育过程，城市的自组织机制会逐渐完成这一过程，是城市生长的必然过程（图1–63）。

道路的树形等级

新区的道路系统规划很大程度上沿袭了功能主义的规划思想，即在“大街廓、宽路面”模式下进行道路分级和交通分流。

虽然新区的道路宽度比计划经济时代普遍提高，但在功能和断面设计上依然沿用了现代主义规划的分级和分流概念，形成由城市快速路、主干道、次干道、支路四级道路构成的树形交通体系。

树形交通体系的通行均质性较差，对次干道和支路进行强制分工，有些新区在次干道和支路的规划上，还人为设定多种红线宽度。

新城建设应该冲破这种计划经济下的大街廓模式，向市场经济下的网格模式靠近。

近代西方殖民模式的城市形态采用严格规划的网格道路体系，中心区呈面状发展；道路密度均等，交通可达性和疏散性好；街廓尺度小，地块形状规则，遵循统一的分割模数，城市肌理规整有序，呈现网格型结构；建筑后退控制整齐，街道界面连续，街道尺度亲切宜人等。

这种城市形态结构均质、规整、密致的方格网道路体系，有以下优点：方格网道路体系没有明确的边界限定，可在各个方向自由生长，适应城市规模的弹性发展；密致的街道空间可以产生更多的临街店面；规划严整的方格网体系可以保证开发商获得相对均等的地块以及市民拥有趋于公平的区位条件与交通服务。

从城市结构上看，城市街区越小，道路网络就会越密，从一个地方到另一个地方的走法就会越多，城市公共性就越强，也就更

图1–62 在新城区道路的建设过程中，建筑退让等造成道路两厢建筑呈明显的“断裂”现象

图1-63 城市应呈现一种“熟”态，这是城市生长的必然过程

有助于保持城市活力。

我国很多新区依然保持了粗放布局的城市干道与自发生长的支路叠加的形态特征。这种道路结构很难适应市场经济下城市发展的需要，应该逐步向密集均等的网格型结构转化。

建筑的形状各异

新城建设出于满足道路交叉口安全视距要求的惯性思维，对交叉口处道路红线往往进行45°切角，或倒圆角处理，其实这种做法目前已无必要，它只会造成地块形状和法规管理复杂化，导致在交叉口出现众多切角或圆角的建筑形象。实际上，可以改为直角处理，以形成更为方正的地块，更为整齐的建筑体量，更为连续的街道界面。

另外，街道和建筑都采用过多的斜角和曲线，引起高层建筑空间关系上的混乱无序，加之建设项目的总体覆盖率偏低，街道景观常常丧失整体感和连续性。

我国新区的高层建筑裙房部分普遍占地很大，塔楼体量显得相对细瘦，这种“大裙房、小塔楼”的形象可称之为高层建筑的缩水。在中小城市的新区，由于建设规模小，地价相对便宜，高层建筑标准层密度往往规划得更低。

而西方城市的新区，高层建筑裙房占地面积与塔楼标准层面积相差不大，一般在2：1之内，建筑体量上下比较顺直。

总之，当代中国新城区规划粗放的城市干道与自发生长的支路双重叠加的二元结构形态特征，大街廓、稀路网的道路交通模式，街廓大小不等，地块尺度偏大、自发分割、肌理混乱，建筑形状各异等，均是低分辨率的规划控制模式的体现。对比西方城市发展模式和中国本土城市模式下的城市形态，可以发现：西方城市无论是在地块开发的初划阶段，还是后期的更新发展阶段，地块的形态、规划、管理、开发始终都保持着很强的秩序性和理性。

应当针对市场经济下土地开发运作的特点，深入研究新城区形态演变的整体规律、内在矛盾和动因机制，了解街道街廓格局、空间形态肌理等要素与开发建设的相互影响和制约关系。只有这样，我们才能从源头找到问题的症结，营造出我国新城区健全的空间形态。

图片来源：

图1–61 新城状态？旧城肌理？ 江兵摄

图1–62 在新城区道路的建设过程中，建筑退让等造成道路两厢建筑呈明显的“断裂”现象。
网络下载http://www.guangzhou.gov.cn/

图1–63 城市应呈现一种“熟”态，这是城市生长的必然过程。
网络下载http://news.sina.com.cn/photo/

自 在
——一种哲学，一种建筑
Transcendency—A Philosophy, A Style

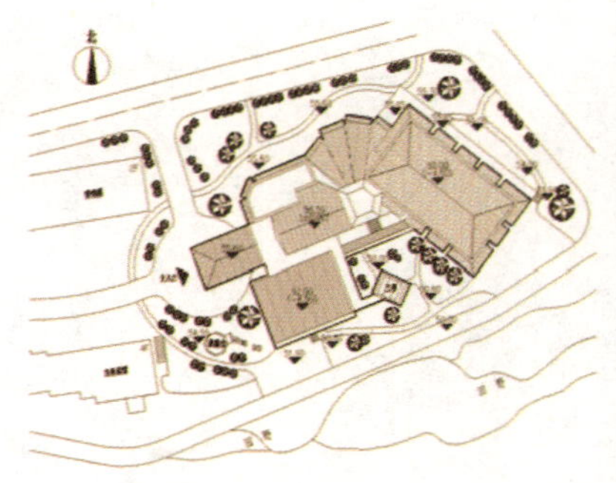

图1-64 总平面图

图1-65 从西北侧看会馆人口

自在，是超然于现在与恒在的一种存在，也是超然于尼采的酒神精神和日神精神的一种状态。它有多重译码："留连戏蝶时时舞，自在娇莺恰恰啼。"杜甫《江畔独步寻花》诗中的"自在"是其语义学上的本意——"安闲"。在佛学上，它意指超脱尘世喧嚣与荒谬的"净"的境界。在哲学意义上，18世纪德国哲学家鲍姆加登提出"自在"与"自为"两个相对的概念。黑格尔进一步将"自在"与"自为"分为概念的两个阶段：在自在阶段，潜藏在概念中的对立保持着原始的同一性；而在自为阶段，这些潜藏的对立开始区别、分化，对立也就显现出来了。而法国哲学家萨特从纯粹的主观意识出发，提出"自在存在"和"自为存在"之分。"自在存在"指人意识之外的浑然世界，它是偶然发生的，没有目的性、因果性和规律性。

佛学及西方哲学关于"自在"的晦涩表达，其实与"自在"一词在语义学上的解释相去不远。"自在"意指安闲、自然洒脱，不刻意追求目的与规律，是一种超然的自主状态。

在某种程度上几乎所有建筑师都有"自传"倾向，建筑物往往是建筑师自我意识的外泄，建筑如其人；如果创作时建筑师心态是"自在"的，那么建筑物也往往是"自在"的，观者与用者也能感染到这种"自在"。

而在当代社会，自在的创作空间并不大，现在与恒在是建筑师无可回避的双向挑战。

现在，即当今社会的价值取向和现实需求，是建筑师首先必须回应的。30年来中国经济持续增长，在快速建造的城市中发出自己的声音已成共同欲求；"上帝死了"之后，中国推倒了顶礼膜拜的神明，迎来了众神狂欢的时代，社会公共价值取向式微，个人价值信仰多元杂陈，各人都有自己心中的“神”，作为社会主体的人的自我表现欲望十分强烈。在城市建设中，都极力建造“标志性建筑”；建筑师在这股英雄主义的表现欲中心浮气躁地奔走、应和、追求“宏大叙事”。各个建筑都在表现自己，都想从城市基体中脱颖而出，整个城市因而显示出被肢解的状况。

另外，在后现代语境下，多元价值体系共存，后现代、解构、欧陆风、民族式、新古典等各种风格流派在中国走马灯式地演练，安德鲁、冯格·康、KPF、SOM、安藤忠雄、库哈斯等纷纷登场，使中国成为世界上最大的建筑形式与风格的试验场。西方中心话语在处于心理位势边缘的中国受到狂热推崇。而后现代情境下平面化的大众文化被商业娱乐业包裹着在不断制造时尚和流变。当下的中国建筑师在风格的汰变、世俗的熏陶中忙于疲惫地追风，常常茫然而失语。

恒在，建筑强悍的物性特质既要能抵御时间的侵蚀也需溶解人类精神，因而建筑作品应先在地服务，甚至规限未来，而未来之路在何方，谁又能准确言说？惟有托诸信仰和智性的直觉，这需要建筑师拥有哲学家与诗人的心怀与执着，即要有“哲学癖”，以直面人类社会本真的恒久价值，不是满足现世的生活之需而矢志于提升世人生存的品质。这就必然与现在有一层紧张的对峙关系，因为恒在的追寻会冲击日常习俗之惰性。这种优秀的建筑作品或具有内置的“思想哲学”，或表达乌托邦式未来的憧憬，从而迈进恒在之维。

勒·柯布西耶的朗香教堂、盖里的毕尔巴鄂古根海姆博物馆、安藤忠雄的水御堂、路易斯·康的理查兹医学研究大楼、里伯斯金的柏林博物馆等，这种以建筑的革命性、颠覆性推动建筑艺术前行的宏大使命感与荣耀感，这种“处于伟大的尼采式求索的阳光之下”（福柯语）的思考，使我们的建筑师承载了过多重负。

我们的社会需要柯布西耶、路易斯·康、密斯这样脱“俗”的巨擘和大师，以建筑艺术的革命性和批判性带动整个社会艺术观念的前行，然而如果每个建筑师都像他们一样，我们的社会必然陷入艺术批判性的混乱之中。在当代高速发展中的中国，不应排斥实用主义精神，我们应欢呼大量的西萨·佩里、贝聿铭、菲利浦·约翰逊式的大师出现。他们“坚持以最大限度满足当代人的需要为创作的主导目标”（《西萨·佩里》传）。贝聿铭“儒雅”的微笑为他的设计赢得无数赞誉。而埃森曼式的哲学癖或安藤忠雄的禅意，一种恒在感，对中国建筑师有如一股清风，然而相对于当下中国世俗的沸腾生活以及大规模、快速的建造运动终究只是遥远的灵域之音。

自在，作为一种哲学，是当代中国建筑师应具有的一种创作状态。如果说，尼采的“上帝死了”代表传统思想的终结，20世纪下半叶福柯的“人的死亡”则表达现代思想的终结，作为掌握权力、自大的人也接着走下神坛，人开始按人的本性生活。自在，可使建筑师既游离出现在的洪流，又可超然于恒在的象牙塔。远离时尚和流派的纷扰，以及眼前的功利之需——这些现在的旋涡，同时又卸下沉重的使命感与荣耀感——这些恒在的负累，建筑师以一种平常心、安闲的自主状态进入创作，在当下中国是值得提倡的创作状态。

自在，作为一种建筑性格，体现出一种有格调的物质存在，一种物化的生存质量。自在的建筑是游离于“权力意志”之外的，它无意于表达“宏大叙事”，也无意于紧张对峙的空间震撼和内省自问的空间玄学，是一种轻松自在、自得的建筑空间和形态，是一种“平平淡淡才是真”的建筑品格。

图1-66 车间内的包装箱

图1-67 主入口雨篷

沉溺于纷繁的社会活动，某天笔者忽然忆起十年前建成的一个项目，驱车前往，重新检视，阅读出两个字：自在。

项目地点：位于长沙郊区，基地南临田野，西、北临远大（空调）集团总部。

项目内容：该项目名称为远大地中海会馆，作为远大集团的休闲、接待中心。总建筑面积3700平方米。休闲功能有：咖啡吧、游泳、羽毛球、保龄球、健身房等。接待功能有：大堂、会议厅、餐厅、客房等。

以"四性"，即因缘性、异质性、离散性、边缘性可概括此会馆设计思想：

因缘性

• 对地形的因借。不破坏地貌才是真正虔诚于土地的神性，因借地形才谈得上融入场所环境（图1-64）。基地属典型湖南丘陵地貌，狭小的用地呈不规则的起伏状。设计因借西、北侧高，南侧低的地势，将主入口设于西侧，大堂作为组织中枢，往北是咖啡吧，南侧为客房，由中庭楼梯旋转而下，即可化解地形高差进入负一层，南侧直通室外（图1-65）。其室外庭院中设一瞭望塔。

• 对材料的因借。远大集团是中国最大的空调直燃机生产基地，其技术多源于日本，很多配件由国外进口，因而公司生产车间有大量包装箱（图1-66）。用这些包装箱木板作建筑内外构件材料，是该设计风格构思的重要内容。建造时在入口雨篷、斜撑构件及室内各部大量运用木材。木质温和、粗朴，内透着一种安闲的格调（图1-67、图1-68）。

异质性

• 风格的混和：名为地中海会馆，确有几分地中海情致，阳光而浪漫，但我们并没沉溺于柯布西耶式的对阳光下几何体的雕凿。长沙气候并没有地中海式的四季阳光明媚，而是四季分明、冬冷夏热，应对于长沙气候的建筑风格不能太阳光感太强，而应分别适于两极分化的冬冷夏热。于是我们也借鉴了美国西部牛仔咖啡屋的情调和草原住宅的深远挑檐（图1-69、图1-70）；窗洞小而敦厚，墙特意加厚为40cm，窗玻璃内凹，以呈现一种厚重感（图1-70）。这组建筑风格是属于长沙气候的（图1-71）；同气候带的建筑其实都有某种共性，它有异国情调，而它也是湖南的，契合于湖南的特定气候图（图1-69）。

• 材料的杂陈：用材质朴、通俗。斜檐上为压型钢板，有钢管斜撑；内表面为木材；墙面为涂料；基座贴红砂岩片石。率性的粗犷中有一种平和。

• 光的组织：咖啡屋窗洞反常规设置，

图1-68 从西侧二楼挑台看主入口

以制造迷离氛围，而斜屋顶与这一迷离光线相应和（图1-72）。入口大堂顶部高起，以感应漫射的阳光（图1-65）；顶部侧墙设高侧点窗；中庭楼梯间顶部采光罩旨在营造人与天空的契合意境（图1-69）。

离散性

● 高低错落：建筑因借地形而起伏，同时在建筑层次上也高低随机组合；南侧庭院的塔（作瞭望亭、棋亭）在高度上对此随机性作了轻微的统合，以维护离散的有机秩序（图1-69）。

● 随机流线：平面功能组织上并没有鲜明的方向性，有如一个村野聚落，路径是发散的，内部空间没有强制性，散漫随机。可以往南上楼进客房，也可以往南下半层去运动大厅；可以顺中庭楼梯而下，去游泳馆、健身中心，也可往北去咖啡吧。

● 不求整合：平面离散、角度随机变化，因而造型处理超然于理性，体形之间并不求精确的对位关系，各种元素在一种慵懒中共存。

边缘性

● 消解中心：该建筑平面没有刻意去营造中心，是一个感性的平面组合；空间也无意渲染自大的"权力意志"中心。每个空间都在自得地存在。整个建筑呈现出紧密的联邦制。

● 非对称：整个平面没有轴线关系，建筑造型更没有对称痕迹。

● 边缘心态："居中之国"意念使中国人一直束缚于神圣的"自我中心"而有一种紧

图1-69 从北侧看会馆全景

张感与使命感。该案呈现出在边缘的生活心态，是一种放松的情境状态。

这是一个沉默的背景，它不言语什么，不强制说教和要求对话。

作为一个建筑文本，即使用心品读，也无太多奥意。它只是沉默地展示着一种格调和自在。

十年前的一次创作，忽然回头重阅，也许是久溺于设计事务的纷扰而想遁出现在与恒在之间的情网，寻回一点自在的感觉。

图1-70 斜檐与窗洞局部

图1-71 室内连廊

图片来源：

图1-64总平面图
图1-65从西北侧看会馆入口
作者自摄
图1-66车间内的包装箱
作者自摄
图1-67主入口雨篷
作者自摄
图1-68从西侧二楼挑台看主入口
作者自摄
图1-69从北侧看会馆全景
作者自摄
图1-70斜檐与窗洞局部
作者自摄
图1-71室内连廊
作者自摄
图1-72健身运动大厅一角
作者自摄

图1-72 健身运动大厅一角

加勒比

Caribbean

图1-73 海水绝无污染的痕迹，湛蓝碧透，浪花轻抚。沙滩平缓伸展，沙质细软可人

我终于知晓了成为最杰出之子的秘诀，那就是生长于天地之间，与大地同餐共枕。

——沃尔特·惠特曼(*Walt Whitman*)

《*Song of Open Road*》

在加勒比海边，凭海临风，感悟着蕴藏在大海中神秘的力和潜在的生命流，体味着自然界所固有的旋律和节奏。融在广博的大自然中，心胸也变得无限诗意。

巴巴多斯（Barbados），位于北美洲加勒比海，是一个风情万种的岛国。这里属热带雨林气候，终年在22～30℃之间，为英联邦成员国，属发展中国家，面积431平方公里，人口25.7万，公路十分发达，并拥有加勒比地区最现代化的机场，是美、英、法等国旅游者的度假圣地。

岛国在我的印象中，并无存在除阳光、沙滩、植物之外的第四种元素——建筑，建筑在这里从属于前三者，融入在自然之中（图1-73）。

建筑材料朴实自然，建筑物多采用当地珊瑚岩砖石砌筑，外刷涂料，色彩清新明亮，极少用花岗石、面砖之类的装饰。

建筑追求内外交融贯通，对海开敞或半开敞，意在迎纳海风，遮阳纳荫，充分利用热带阳光以产生独特造型效果。因借海景是建筑布局的首要因素。建筑在这里绝不是孤立的个体，在与海相望的同时，总被花团锦簇相拥。植被花木已成为建筑装饰的主要手段。建筑仿佛从大地自然生长出来一般！

这令我想起F·L·赖特的一段话，当年他准备建自己的栖息之所和建筑大本营塔里埃森（Taliesin），在对环境仔细审度后，决定把建筑基地建在山顶之下的斜坡上，他说："没有一座房屋应凌驾于山丘上，而应该属于这座山丘，只有这样，房屋才能与山丘共生而相得益彰。"

在这个岛国，赖特这种建筑与环境共生的思想被发挥得淋漓尽致，而且更自然质朴，更具有自然风情。在这里，建筑不再是"权力的雄辩术"，而只是诗中的一个"词汇"，音乐中的一段"音符"，自然地组构在其间，造就完美篇章和旋律。

现象学之父胡塞尔认为："未经哲学和科学侵蚀影响的、人所经历的日常生活世界（Lived World）——自然出发点之世界（World of the Nataual Standpoint）是科学和哲学的开端，任何其他世界均根植于它"。我们不能脱离生活的本源，不能超越"日常生活世界"而沉溺乌托邦的遐想。这是一切艺术之源。

《北京宪章》指出："要从观念上和理论基础上，把建筑、地景和城市规划学科的精髓整合为一体，将我们关注的焦点从建筑单体、结构最终转换到建筑环境上来。"这种"融合"的思想，特别是"地景设计"的融入，确为卓识。而岛国正是在"地景设计"方面已有十分成熟的经验，这得益于他们很早就注意地景设计，地景设计有时甚至比建筑设计更受重视。他们似乎已知道地景是一种社会文化资源，随着建设的发展，不只是在有限的绿地上建造公园，也不只是着眼于一个城市的绿化资源，而是联系一个区域甚至整个国土的大地景物，进行"大地景观规划"（Earthscape Planning）。

在岛国，有两则故事：

一位巴国政府财政大臣主持在首都布里奇顿繁华地段建成了一幢18层的岛内最高建筑——中央银行大厦，以炫耀其政绩。国内舆论大哗，纷纷谴责大厦突出的高度对岛国风貌造成巨大影响，将纳税人的钱用于显耀权威而不顾岛国环境。该大臣被迫引咎辞职。

另一则是：有位华裔朋友的别墅原来设计成3层，位于一座小山丘上，但审批时没有得到批准，规划管理部门给了他两点限制：不能超过2层，且不能遮挡其他别墅和旅馆观海的视线。

理论是灰色的，行动更能产生光辉。岛国人没有系统理论支撑，却对自然环境如此尊重，有效地建立了区域空间协调发展的规划机制与管理机制，强化了法制意识及普及教育，强调当地人民的参与，他们已清晰地认识到"自然不属于人类，但人类属于自然"。

海德格尔在《筑·居·思》中，认为"住居"（dwelling）是人的心灵安定之根本。在此基础上，舒尔茨提出了"场所"理论，一种源自（古）罗马的想法。根据古罗马人的信仰，每个"独立的"本体都有它自己的灵魂（genius）、守护神灵（guardian spirit）。这种灵魂赋予人和场所生命，自生至死伴随着人和场所，同时决定着他们的特性和本质。场所理论认为真正的自然必须以归属感为前提，"思想之路不再是冒险，而是回家"。

随着信息时代的到来，世界越来越小，人与人却越来越疏离，人们在"知识的海洋"中忙于"输入输出"。马尔库塞在其"乌托邦的终结"（Das End Eder Utopie）的讲演中认为：由于现代技术的非凡所为，人类有能力去做任何事情，乌托邦的幻想和激情已渐渐失去诱人的芳香。

现代社会，人类面临精神家园的失去！

人的心灵需要平静的港湾，需要温柔乡！需要诗意！于是这个岛国，这个诗意的国家，成为许多欧美人的“桃花源”（图1—74）。

加勒比欢畅的度假者，惬意、闲适的游客，一架一架忙碌的大型客机，使我相信信息化、全球化时代的人更需要大自然的抚慰，更需要“田园牧歌”，更依恋“碧海蓝天”（图1—75）。

图1-74 建筑在这里绝不是孤立的个体，总被花团锦簇相拥。植被花木已成为建筑装饰的主要手段

图1-75 通敞的酒吧、露天的茶座，灯光温馨迷离，三三两两地小酌，一派悠闲恬谈

图片来源：

图1—73海水绝无污染的痕迹，湛蓝碧透，浪花轻抚。沙滩平缓伸展，沙质细软可人
网络下载http://www.jhxww.gov.cn/article/23/28/2008/2008122311184.html
图1—74建筑在这里绝不是孤立的个体，总被花团锦簇相拥。植被花木已成为建筑装饰的主要手段
网络下载http://news.sina.com.cn/photo/
图1—75通敞的酒吧、露天的茶座，灯光温馨迷离，三三两两地小酌，一派悠闲恬谈
网络下载http://news.sina.com.cn/photo/

非地方性

Non-localism

图1-76 全世界文化商品的趋同现象和标准化是造成非地方性的重要原因

如果一个地方（Place）可以被定义为是有联系、有历史感和认同感的，那么，“非地方”（Non–Place）就是一个无联系、无历史感和无认同感的空间。

全世界文化商品的趋同现象和标准化是造成非地方性的重要原因（图1–76），从服装到食品、音乐、电影电视乃至建筑都是如此。

这是一种被库哈斯称为“通属城市”（Generic City）的现象。建筑在这里无可避免地遭受世界性和平庸性。库哈斯提出了不受“历史、特点、规划”等约束的观点（图1–77），实际上这是继承了现代主义的传统——以先进科学技术的名义，打破国界城界，消除文化差异，其结果就是出现非地方性。

现代主义城市是奉献给没有具体面孔的人类——“理想圣人”的城市。这是一种给人以疏远感的城市，因为它是奉献给抽象的人类与人类社会，而不是给具体人。

“非地方”是纯理性、纯技术的空间，它超脱于环境之外，与历史、环境无关。今天许多城市没有思想，没有文化，更谈不上历史文脉和场所精神的体现与创造，我们的生活因此而丧失了许多情趣。就像生物丧失了多样性会使生物界的全体成员受威胁一样，城市文化领域也面临着同样的问题。当代中国城市不仅在城市形象方面完全西化，城市居民甚至在生活方式、时尚等方面也呈现出“崇洋”倾向，城市中许多昔日景观、传统街巷和环境，在城市大发展中逐渐消失。

传统城市中建筑大多数是使用当地的建筑材料建造。其形式是在人们世代相传的经验中形成的，每个地区乃至每个城市因此而具有自己的独特性与地方性。但现在的建筑设计，在越来越国际化和标准化的同时，丧失了地方特色。现代城市功能分区理论使人们的实际需求变成了抽象的功能需求，从理论上说世界各地人们的需求应该是一样的，因此城市的布局也应该是一致的。尹塔洛·卡尔维诺在《命运交叉的城堡》中写到：

到达特鲁德时，若不是看见特大字母拼写的城市名字，我还以为是到了刚离开的飞机场呢。他们驱车送我经过的郊区跟其他地方的郊区别无二致，都是一些黄黄绿绿的小房子。循着同样的路标，穿过同样的广场，绕过同样的花坛。市中心的街道陈列着同样的商品、装潢和招牌。我是第一次到特鲁德，可是已经对将要下榻的宾馆很熟悉了；我已经听见和进行了跟买卖五金制品的商人的对话；我已经度过同样的时日，透过同样的酒杯，

图1-77 库哈斯提出了不受"历史、特点、规划"等约束的观点，实际上这是继承了现代主义的传统——以先进科学技术的名义，打破国界城界，消除文化差异，其结果就是出现非地方性

图1-78 株洲市国税局
随着西方文化的全球化、国际材料的通用、建造技术的同一、现代生活方式的普及，城市不分南北，不分大小，特色迅速消失，非地方性随之出现

看过同样的肚脐在来回摆动。

"你为什么来特鲁德？我问自己。我已经想启程离去。'你随时可以启程而去'，他们说，'不过，你会抵达另外一座特鲁德，绝对一模一样：世界被唯一的一个特鲁德覆盖着，她无始无终，只是飞机场的名字更换而已'。"国际机场成为标准化的典范，全世界几乎都是一模一样的模式，提供标准装备、国际膳食，免税店供应一致的国际品牌，只是名字更换了而已。

卡尔维诺揭示了当代城市的趋同现象，仿佛只要改变一下组合的元素就可以从一个城市转移到另一个城市。这是我们时代的悲哀。随着西方文化的全球化，地方材料已被国际通用材料所取代，采用相同的建造技术，现代国家建构过程中对地方文化的同化，以及现代生活方式的普及，其结果就是城市不分南北，不分大小，外观都基本一致，这些城市特色正在迅速消失，非地方性随之出现（图1-78）。

图片来源：

图1-76全世界文化商品的趋同现象和标准化是造成非地方性的重要原因
网络下载http://www.coca-cola.com.cn/
图1-77库哈斯提出了不受"历史、特点、规划"等约束的观点，实际上这是继承了现代主义的传统——以先进科学技术的名义，打破国界城界，消除文化差异，其结果就是出现非地方性
网络下载http://news.sina.com.cn/photo/
图1-78株洲市国税局（设计：蒋涤非等，摄影：蒋烨）

色 · 戒

Colour·Caution

张爱玲的《色 · 戒》(Lust · Caut–ion)，经梁朝伟和汤唯出神入化地演绎，展现了本能欲望和理性制约之间的冲突，凸显出人性中的深层矛盾！本文应其意而借之。

当代城市色彩，不可戒"色"，不可纵"色"，而应"色"戒！

色彩，作为城市中古老而不朽的元素，以传统的方式延续到今天，其所承载的地域性、文化性和美学信息应该引起足够关注！

有序的古典城市色彩——"色戒"之果(图1–79)

传统城市多数是在文化封闭、生产力相对落后的情况下成长起来的，城市建筑的颜色不仅受到当权者的严厉控制，而且受到建筑材料、施工工艺水平的限制。因此，多数城市在长期的建设过程中，城市色彩是相对固定的，从而形成了该城市的色彩传统。

传统城市往往通过色彩凝聚特定的地理、人文条件下属于这个城市的特定可视传统城市形态，城市色彩往往承载了该地区大量的传统人文信息(图1–80)。

无序的当代城市色彩——源于纵"色"

传统的城市色彩在当代文明中受到挑战。

在凯文 · 林奇对于城市要素的分析中，色彩占有一个非常重要的地位，但是他却没有对色彩进行系统的分析，这也是因为当时城市色彩的运用远远没有今天这样如此丰富和混杂。

改革开放以前的中国，城市色彩简单，城市中多是红色的砖墙、深灰色的混凝土建筑，城市色彩的发展呈现出一种"戒色"的状态。而改革开放之初，城市色彩在风靡全

图1–79 有序的古典城市色彩

图1-80 中国传统古城平遥
深灰色的瓦屋顶和暖灰色的砖、木墙形成了东方独特的城市色彩面貌

图1-81 当代建筑色彩的无序发展

国的面砖的包裹中，往往呈现整体“白色”状态，这是新一轮的“戒色”。

而近十几年来，城市色彩呈无序化发展。首先归因于各类色彩产品的发展。在 20 世纪 60 年代，可以选用的色彩只有几百种，而到了 90 年代，可选用的色彩已经超过了三百万种，其中有九千多种能够直接从市场上购买。

其次，快速的城市建设使城市色彩出现“断裂”特征。中国的快速城市化，其城市建设的规模和速度都是惊人的；从数量上讲，整个中国在过去的 10 年间就达到了西方世界 100 年的建筑数量；新建筑在旧环境中迅速升起，新建筑之间也在无序地生长，呈现出鲜明的色彩“断裂”现象。

另外，开发建设者和设计师往往具有建筑造型上的个人英雄主义，在色彩设计上常常陷入个人喜好，追求“标新立异”，导致城市色彩混乱无序！

“建筑失控”和“建设性失控”现象导致城市各个部分之间缺乏协调，城市的整体色彩呈现一种“纵色”状态（图 1-81）。

城市色彩的管控——色戒

突显城市特色，控制城市色彩无序发展，应该对城市色彩进行规划管理和控制。

当代城市色彩规划的形成，宜基于四种研究途径：

- **本土城市色彩文化传统研究**

应对城市本身所具的自然特征进行分析，对城市所拥有的经典建筑类型进行色彩归纳，同时更应对城市与色彩有关的人文传统进行

图1-82 伦敦，城市新旧色彩的理性碰撞，城市整体呈现出一种或深或浅的灰色调

图1-83 罗马老城区(左)、新城区(右)
罗马作为一个历史悠久的城市，其新城区的色彩与老城区协调，呈现出一种暖黄、暖灰色调

图1-84 海洋性气候使得城市呈现出色彩鲜明的个性特点

图1-85 巴黎，法国
巴黎因受海洋性气候的影响，常年阴雨连绵，鲜见阳光，为此有了“爱流泪的女人”之称，因此光感十足的米黄色调就成了城市的主色调

研究。从城市过往的传统中寻找本土城市色彩的“脉络”，只是一种“纵向”的研究方法！

从传统的地域色彩到新的地域色彩的转化，其逻辑本质是在类型学、符号学的前提下，通过对城市色彩地域现象的调查，还原归纳出地域色彩的原型，并通过拓扑转化的方法，建构“转化型”——新地域城市色彩。传统的地域性色彩在现代城市色彩规划中，可以利用“抽象、引用、类推、换喻、同源”等手段来实现其现代转化，创造出既同传统地域色彩相联系，又符合现代要求的城市色彩形式（图1-82、图1-83）。

- **同纬度、同气候城市色彩比较**

光线，是影响色彩变化的最主要因素。对于城市而言，光线来源于太阳，而影响太阳光线的主要因素是地理纬度、大气云层等气候因素。

相似的气候往往对建筑的建设要求具有相似性。气候炎热地区，其建筑色彩大多选择具有反光散热作用的高明度、低纯度和冷色调颜色为主的色彩；而地理位置偏北的城市，冬季寒冷，能给人带来暖意的土红色、棕色、咖啡色等中、低明度和中等纯度颜色就成了城市的首选颜色（图1-84、图1-85）。

- **同功能定位城市色彩比较**

城市的功能往往也会影响城市色彩的整体印象。历史文化名城往往沉淀着浓郁的岁月痕迹，呈现出各种色相的灰色系列；工业型城市往往是新兴的城市，在色彩上呈现出各种新兴材料所组成的颜色，明快清爽（图1-86）。商业型城市则色彩往往偏暖色调，而且呈现出暖色系中复杂多样的色彩组合。

- **“织补”城市模式**

针对当代中国城市快速发展呈现的色彩

图1-86 首尔，韩国，一座现代化的工业城市，呈现出浅灰色系

图1-87 株洲市城市色彩主色谱意象

图1-88 株洲市城市色彩辅助色彩意象

无序状态，新的城市色彩规划应该关照已有的建成色彩环境。应该在大量对已有建筑色彩进行调研的基础上，对建成环境的色彩加以梳理，使新建建筑的色彩与已有环境相协调，同时对已有建筑的色彩问题加以修补！

这是将旧城更新中的“织补城市”理论运用到城市色彩研究中。以一种“针织”方式、编织修补方式对现有城市色彩加以整合提升，以巧妙地以因借织补方式使城市色彩从无序走向有序！

株洲城市色彩研究

运用以上四种城市色彩研究方法，综合分析株洲生态宜居的地域性特征和人文传统因素，结合其他同纬度宜居城市的色彩思考，提炼出株洲城市色彩的主色调，并对相关辅助色、点缀色进行了系统归纳。

• 青彩·株洲

“青”——现代工业文明城市／年青的城市；“彩”—— 多彩／活力／精彩。白天的株洲，根据株洲“现代工业文明城市”定位，采用“浅灰色系——青彩·株洲”，该色彩主题词更能体现株洲城市特色（图1-87、图1-88）。

• 丹韵·株洲

“丹”——红褐色／宜居城市／温暖；“韵”——韵律／品位／和谐。夜晚的株洲，

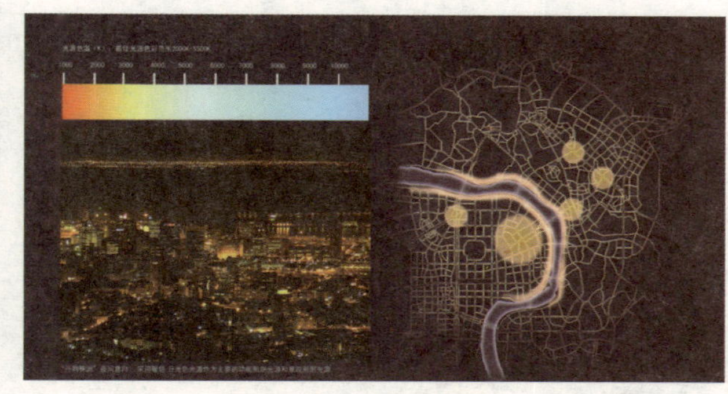

图1-89 丹韵·株洲夜间意象：采用暖色——日光色光源作为主要的功能和景观照明光源

根据株洲市“生态宜居城市”的环境定位，推导出“暖灰色系——丹韵·株洲”，并将其作为株洲夜晚的城市色彩倾向，利用灯光景观营造丰富变化的城市夜晚表情（图1-89）

当代中国城市色彩普遍处于“戒色”和“纵色”状态！色彩的制约与引导，即“色戒”已成当务之急。

图片来源：

图1-79有序的古典城市色彩
网络下载http://images.google.cn/images
图1-80中国传统古城平遥
网络下载http://www.gjgy.com/pingyao.html
网络下载http://219.238.219.80:81/gate/big5/www.showchina.org/jjzg/bwzg/200903/t288242.htm
图1-81当代建筑色彩的发展无序
作者自摄
图1-82伦敦，城市新旧色彩的理性碰撞，城市整体呈现出一种或深或浅的灰色调
网络下载http://www.zggczj.com/Article/nbmk82/nbmk86/200702/5107.html
图1-83罗马老城区、新城区
网络下载http://richardli1437.spaces.live.com/
图1-84海洋性气候使得城市呈现出色彩鲜明的个性特点。
网络下载http://images.google.cn/images
图1-85巴黎，法国
网络下载http://torchrelay.beijing2008.cn/cn/journey/paris/photos/n214268170.shtml
图1-86首尔，韩国一座现代化的工业城市，呈现出浅灰色系
网络下载http://www.lewai.com/han/about/lvyou/200612/115938.htm
图1-87株洲市城市色彩主色谱意象(研究指导:蒋涤非,研究:胡华等)
图1-88株洲市城市色彩辅助色彩意象(研究指导:蒋涤非,研究:胡华等)
图1-89丹韵·株洲夜间意象：采用暖色——日光色光源作为主要的功能和景观照明光源(研究指导:蒋涤非,研究:胡华等)

权力VS游戏

Power VS Playness

设计师的江湖情结抑或侠客梦！

城与市

City and Market

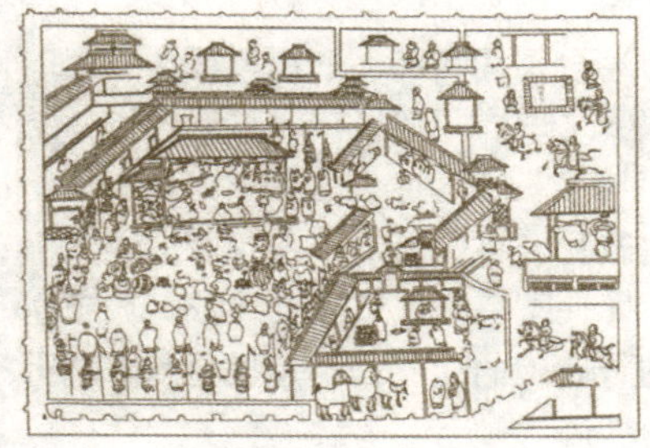

图2-1 汉代画像砖所显示的“城与市”

城市

城市规划学家凯文·林奇认为：“城市可以被看作是一个故事、一个反映人群关系的图示、一个整体分散并存的空间、一个物质作用的领域、一个相关决策的系列或者一个充满矛盾的领域”。[1]

城市经济学家K·J·巴顿认为：“城市是一个坐落在有限空间地区内的各种经济市场——住房、劳动力、土地、运输等等——相互交织在一起的网状系统”。[2]

城市历史学家刘易斯·芒福德认为：“古代城市在形成的时候，把人类社会生活的许多分散的机构集中在一起，并围困在城墙之内，促进它们的相互作用和融合过程……而新的城市综合体又能促使人类创造能力向各个方向蓬勃发展，城市有效地动员了人力……克服空间和时间的阻隔，加强了社会交往”。[3]

以上城市研究学者们从不同角度表达了一个共同观点：城市的作用就在于用一种力量把各自分散的、没有关联的各个功能凝聚在一起，使之具有特定的功能。而这些功能之间可以相互激发，因为人的聚集会促进各项活动的发展，总之，我们可以认为城市的主要作用就是利用高效的管理聚集各种功能，满足人的需求。

城

城市已有近万年历史。在中国古代，把围绕人群聚落修筑起来的防御设施称之为“城”（图2-2）。城市的最初功能表现形式往往是防御野兽和部落争战。人类最早的城市其实具有“国”的意味，具有保卫君主与护卫臣民的意义，这恐怕是城市形成及演变的大致过程。

在城市的发展中一直把防御和控制作为其稳固生长的基础，城市作为一种文明的圣地，王权成为建造城市的绝对需要，谁主宰

图2-2 在中国古代，把围绕人群聚落修筑起来的防御设施称之为“城”

城市的地域空间就反映了谁对这个城市的权力性，城市始终在人类生活中扮演着护卫和界线的角色。

城市具有某种物质上的或象征意义上的形态界限，这个界限将城市性与非城市性结构区分开来。J·F·索伯里在他1776年所著的《建筑》一书中写道：没有墙的城市不是城市。即使不存在形态上的界限，城市也会有某种行政上的边界，这是权利和限制得以施行的合法范围。

市

市井：古代社会“市”常与“井”连在一起，除了商业流通意义外，还是具有公共性的场所。市井是“中国商业经济的特定产物，是城市（镇）平民赖以生存的土壤，也是以市场为依托的城市（镇）平民的营生空间”[4]（图2–3）。

对大多数城市而言，人们最初集聚到城市并非是精神和文化上的需求，而是出于经济上的考虑。商品交换和经济发展从一开始就是城市最基本的功能之一。在城市的不断进步与发展过程中，由商业经济活动所衍生的新型社会关系和文化形态以及诚信、公平和遵守游戏规则等一系列道德观念也成为城市品质和城市文化的主要内容之一。因此，一个真正意义上的城市不仅是指具有一定的经济规模，更主要的是拥有高素质的市民阶层和形成了成熟、稳定的商业道德和商业文化。

图2-3 《周易·系辞》记载：“日中为市，致天下之民，聚会天下货物。交易而退，各得其所”

虽然重大政治历史事件在历史进程中起着重要作用，但它们毕竟只占短暂的时间，不能取代历史长河的主流。战争和革命使人印象深刻，和平与渐变却是几代人的生活环境。我们不能仅注意前者，而忽视后者。正如费尔南·勃罗代尔所论述的：“历史事件是一次性的，或自以为是独一无二的，杂事则反复发生，经过多次反复而取得一般性，甚至变成结构。它侵入社会的每个层次，在世代相传的生存方式和行为方式上刻下印记。有时候，几桩传闻轶事足以使某盏信号灯点亮，为我们展示某些生活方式……社会各层次的衣、食、住方式决不是无关紧要的。这些镜头同时显示不同社会的差别和对立，而这些差别和对立并非无关宏旨。整理、重现这些场景是饶有兴趣的事情，我不认为它浅薄无聊。”[5]这是说小事可反映大事、折射大事，甚至可积累成大事，是个相互联系的整体，这个整体就是人类的生活，每日每时、重复而又绝不相同的生活，既有暴风骤雨又能“于无声处听惊雷”的生活。

“城”作为权力性表征，市则可代指游戏性！

“城”作为一种护卫，一种边界，一种规范与约束，一种力量的表达！

“市”则作为一种交易，一种生活，一种游戏形制！

城——约束，是一种理性的存在；市——交易，是一种感性的表达。

“城”与“市”这种语义学上的拆解所呈现的理论意义，将“城市”的本质作了最直接的诠释！

注 释:

[1]凯文·林奇. 城市形态.林庆怡, 陈朝晖, 邓华译。北京: 华夏出版社,2001
[2]K·J·巴顿·城市经济学·北京: 商务出版社,1981:14.
[3]刘易斯·芒福德. 城市发展史——起源, 演变与前景. 宋俊岭, 倪文彦译.北京: 中国建筑工业出版社,2005.
[4]周时奋. 市井. 山东: 山东画报出版社, 2003.
[5]赵世瑜.腐朽与神奇——清代城市生活长卷. 长沙: 湖南出版社,1996.

图片来源:

图2-1汉代画像砖所显示的"城与市"
洪亮平.城市设计历程.北京: 中国建筑工业出版社, 2002.
图2-2在中国古代, 把围绕人群聚落修筑起来的防御设施称之为"城"
网络下载http://www.lotour.com/snapshot/2007-3-15/snapshot_59586.shtml
图2-3《周易·系辞》记载: "日中为市, 致天下之民, 聚会天下货物。交易而退, 各得其所"
网络下载http://news.sina.com.cn/photo/

纪念性与市民性

For Commemoration and For Citizen

图2-4 梵蒂冈教皇

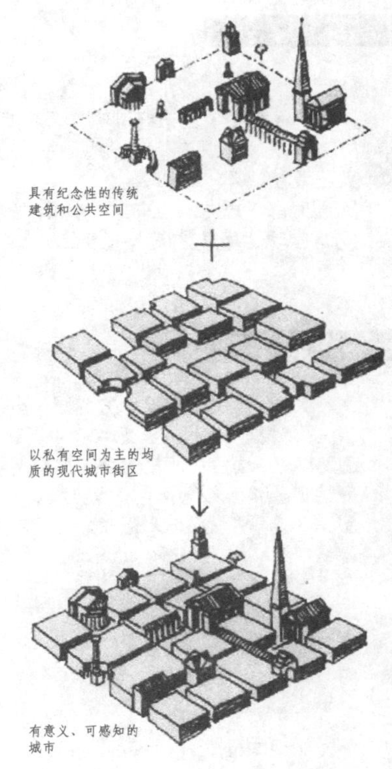

图2-5 L·克里尔的城市形态层次秩序

纵观城市发展史，两千年来，纪念性与市民性一直在城市建设中交织演进。

所谓纪念性，是城市建设中的英雄主义，它突出的是统治权与神权，展示的是空间霸权与征服欲(图2-4)。它往往是视觉至上、形式至上、自我至上、权威至上，因而它往往与城市活力相背离。

市民性，则是注重日常生活世界的营造，追求世俗生活的欢乐，市民性是城市活力的激发点。可以借用L·克里尔的城市形态层次秩序分析图对纪念性与市民性的形态概念作概括性的图示(图2-5)。

发端于柏拉图的乌托邦城市理想，两千年来一直时明时暗地在城市建设中展现，这是一种来自于人类自身对纪念性、英雄主义追求的强大遗传基因，它周期性地冲击着城市建设中的市民性。

柏拉图认为城市本身可以当作艺术品来设计，乌托邦是立体几何的一种新的应用，它设想所有的理性人都愿意存在于这样的社会，认为应以理性手段将尺度和秩序强加给人类活动的每一个领域；在柏拉图看来，完整性和均衡性不可能存在于个人，而只在于整体之中。为了城邦他甚至不惜牺牲市民的生活；牺牲掉个人人格中那些可从生活中展现的可贵品格：和谐、温良、泰然、均衡。"当柏拉图不理睬雅典的糟杂和混乱，按照已经废止的原始形式重新安排城市的社会功能时，不幸他同时也忽视了城市本身的基本生活，忽视了城市有权进行混杂、掺合、调

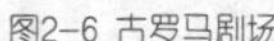
图2-6 古罗马剧场

图2-7 圣彼得广场

和敌对事物、创造新的合成物，以及引出僵化结构本身所不能产生的那些新目的"。[1]按照柏拉图的理想，取代古希腊城市的是希腊化时代的城市：清洁、整齐、优美完整，它寻求的是一种理想的王国或纯如天堂的政体，但在培养创造性活动以及营造市民日常生活空间方面却极其缺少。

从古希腊化时代起，古罗马帝国、文艺复兴、现代主义城市等时代的城市营建都强调纪念性，追求一种城市乌托邦。

古罗马城市曾一度创造出辉煌的城市设计成就，却未造就出健康的城市生活与城市文化。罗马城市建设主要满足少数人的物质享乐与虚荣心，忽视广大市民日常生活的需求，大量建造的是满足奴隶主奢靡享乐和宣扬帝王功绩的斗兽场、剧场、广场、宫殿、府邸、凯旋门、纪功柱、陵墓等具有展示英雄主义雄心的纪念性建筑与城市空间(图2-6)。

与早期的文艺复兴相比较，巴洛克时期的文艺复兴则在城市设计上有明确的设计目标(图2-7)。在指导思想上，是为中央集权政治或寡头政治服务；在外观形态上，它集中反映了当时的几何美学思想，建筑外观与内部装饰利用透视幻觉和增加层次来产生戏剧化布景效果与营造动感氛围。巴洛克时期的城市设计打破了西欧中世纪城市自然随机的城市格局，代之以整齐而具有强烈秩序感的城市轴线，出现了宏伟的城市轴线和城市大街，巴洛克式城市设计为当时的新贵们提供了一种前所未有的城市生活体验与刺激。它的那种豪华铺张以及壮观的城市构图对大多数统治者有很大吸引力；这种巴洛克城市设计对后世产生了深刻的影响，它催生了法国的唯理主义与古典主义城市建设，后又传到北美，甚至几个世纪后，它仍受到许多新兴集权国家权贵们的青睐，近十年来，中国的城市美化活动也间接受到它的影响。

现代主义的城市设计力图营造一个全新的英雄时代，怀着理想主义与社会革新的使命感和责任感，设计师们帮助社会及民众去实现他们心中的乌托邦图景，这一时期主导思想是柯布西耶主持制定的《雅典宪章》所倡导的功能理性。高速建设中的新城运动给了他们舞台，巴西利亚等城市的设计与实施体现了现代主义城市设计的思想：追求理性、高效与秩序，注重功能分区和机动交通组织，偏爱宏伟尺度与纪念性。

而古希腊、中世纪欧洲、当代欧洲许多城市则强调市民性，追求世俗生活的欢乐。

古希腊城市居民的生活充实而富有活力，工作与闲暇，理论与实践，私人生活与公共生活都很有节奏地交替着。艺术、体育、交谈、思索、政治、情爱、冒险以致战争打开了生活的每一个方面并使之包括在城市本身的范围内，城市生活的各个部分相互融洽，这是一种生活方式的城市化(图2-8)。中世纪欧洲城市市民阶级创造了丰富的城市文化，其市民文化更多地代表了大多数市民的公共利益及其价值观的要求，建立起社会生活中相对公平的游戏规则，营造出城市生活中平等相待、亲切和睦的交往氛围(图2-9)。当代欧洲城市大多都幸运地保存了仍然运转良好的精美的中世纪街道和建筑结构，在延续传统时很好地揉进了当代生活品质，在公共生活的营造上往往注重多样化、丰富性，在解决交通问题的同时加大步行网络建设，以期营造丰富多元的属于市民的城市生活空间，在这种城市生活空间营造方面，哥本哈根、巴黎等堪称范例。

图2-8 不同地域风情的市井生活

当然，每个时代的纪念性与市民性都是同时存在的，只是有时纪念性更为显性，有时市民性更突出而已。

中国汉、唐虽然经济、政治、文化大发展，城市市井生活也十分繁闹，但因为宋代以前的里坊制度并不适合城市市民生活的发展，也阻遏了市民阶层的形成，严格地说，未形成阶层的城市居民并不具备市民资格，至多只是前市民状态。而宋代以后随着里坊制的崩溃，新的市民阶层开始全面走上城市生活舞台；明清之际，随着生产力的发展和商品经济的活跃，市民阶层迅速壮大，城市市民生活也开始异彩纷呈。

然而，中国传统城市从本质上看多数仍具有“农村品格”，城市主宰仍主要是深受儒家教化的士大夫阶层，富商巨贾投靠官府，投资土地，集“官僚、地主、商人”于一身，缺乏明确的“市民品格”。中国传统城市主流阶层源于农村社会，这就使中国传统城市历经多个朝代，虽然也有纪念性与市民性的交织与更替，但其纪念性与市民性特征本身都并不十分明显。

作为城市，统治与权力需要纪念性；城市纪念性往往是自我英雄主义的，追求权威感、形式感，不能直接导致城市活力。而作为城市中的人，则更需要市民性，市民性是城市活力的激发点。

图2-9 城市居民生活

注 释：

[1]刘易斯·芒福德．城市发展史——起源、演变与前景．宋俊岭，倪文彦译.北京：中国建筑工业出版社,2005.

图片来源：

图2-4梵蒂冈教皇

网络下载http://city.cctv.com/html/guojichengshi/fcfded55e85e214a980219b6dc244af2.html

图2-5L·克里尔的城市形态层次秩序

L·克里尔的城市形态层次秩序．Architecture and Urban design 1967~1992.

图2-6古罗马剧场

网络下载http://ido.thethirdmedia.com/article/frame.aspx?turl=http%3a//ido.3mt.com.cn

图2-7圣彼得广场

网络下载http://www.tuniu.com/u/photos/49664

图2-8不同地域风情的市井生活

网络下载http://images.google.cn/imglanding?imgurl=http://photos.my.265.com

图2-9城市居民生活

斯皮罗·科斯托夫.城市的形成——历史进程中的城市模式和城市意义.北京：中国建筑工业出版社，2005.

论城市的游戏性

About Playfulness of City

在城市文明历程中，游戏因素是极其活跃的，它催生出城市生活的许多基本形式。作为一种社会动力，游戏式精神像发酵剂一样渗透进整个城市生活中："宗教仪式从神圣的游戏中发展而来，诗歌诞生于游戏并得到游戏的滋养，音乐和舞蹈是纯粹的游戏……战争规则、贵族生活的习俗也建立在游戏类型之上"（刘易斯·芒福德）（图2–11）。我们这里所指的游戏是指作为文化中重要特征的游戏，不是指在动物或儿童生活中的具体游戏，我们不必去分析刺激和习惯如何支配游戏，而应关注多样性的游戏对城市社会建构本身的巨大推动力量。

人类城市是由原始聚落的社会性、宗教性两种推动力协同作用之下形成的，在城市成为人类的永久性固定居住地之前，它最初只是古人类聚会的地点，古人类定期返回这些地点进行一些神圣活动（图2–12）。"这些地点能把非居住者吸引到此来进行情感交流和寻求精神刺激。这种能力同经济贸易一样，既是城市的基本标准，也是城市固有活力的证据……"（刘易斯·芒福德）。作为城市发展最初的胚盘，人类最早的这些礼仪性汇聚地点除具备各种优良的自然条件外，还具有一种"精神的"或"超自然的"威力，一种比普通生活过程更恒久、更具普遍意义的威力。

这种精神的、高于普通生活的威力就是游戏的一个主要特征。游戏不是"平常的"或"真实的"生活，而是超然于"真实"生活，进入一个暂时别具一格的活动领域。它超越了生活的当下需要，具有非物质性。

图2–10 都市博弈

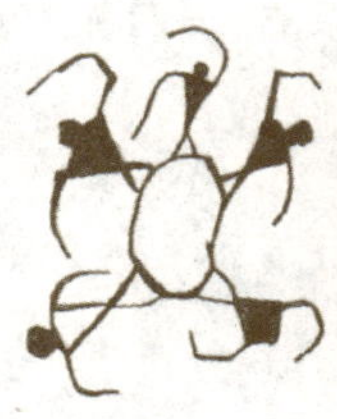

图2–11 宗教仪式从神圣的游戏中发展而来，诗歌诞生于游戏并得到游戏的滋养，音乐和舞蹈是纯粹的游戏……战争规则、贵族生活的习俗也建立在游戏类型之上

另外，游戏的第二项特征是"秩序性"，它在特定范围的时空中"演出"（图2–13）。游戏是感性的但同时也是严肃的，因为玩游戏就意味着毫无疑问地要遵循游戏规则；一旦规则被逾越，整个游戏世界便会崩溃。游戏使人类对节奏、和谐、变化、更迭、对比和高潮等内在需要能充分展现。魔术、戏剧、英雄的渴望、音乐、雕刻和逻辑都在高尚的

游戏中寻求形式和表现。这种欲望有时要求双方进行力的较量，有时则要求提供艺术品，有时又可能要铸造刀剑或创造巧妙的韵律。"竞技场、牌桌、巫术场、庙宇、舞台、网球场、法庭等，在形式和功能上都是游戏的场合。它们都包含特殊的规矩，互相隔离，划分禁地，神圣化，它们是平等世界中的暂时天地。"（刘易斯·芒福德）

游戏是对年轻活力的一种训练，是一种"宣泄"，柏拉图认为：游戏是源于所有年轻生物——动物和人类——跳跃的需要，这就是游戏的第三个特征——"青年性"。青年性更多的是与文化，而不是与年代学上的年龄有关；具有青年性的人易于冲动，精力旺盛，敢于探险和投机、轻松活泼；他们倾向于言语干脆、引人注目、好走极端、没有节制；游戏的青年性特征是心灵的放飞与自由，是创造自我的快乐。正如迦达默尔认为："游戏成为纯粹自我表现形式。"

伴随城市外壳的生长，它的内容也在扩大：不仅其内部空间、宗教圣区，就连它的内部社会生活也在发展。各种游戏性活动逐渐物质化：幻想变成戏剧；性愿望化作诗文、舞蹈和音乐；在野蛮社区中才有的节日庆典，逐渐成为城市日常生活的一部分（图2–14）。城市许多的必要功能常采取游戏的形式，人们从事这些功能，延长这些功能主要是追求这些功能的社会意义，而不是其实际目的。

公共广场——城市作为舞台

古代城市广场（forum）最早的功能大概就是将观众集中到一起观看竞技比赛（图2–15）。在公元前5世纪的雅典，公民大会就是一个大型"赛会"（agon），同时在广场还举行赛马比赛，以及政治家、歌手、武士、作曲家、戏剧家的比赛。随着角色人物丰富性的发展，城市必须提供表演空间，以释放复杂的人际冲突，体验多元的人际关系，由此城市成为

图2–12 城市最初只是古人类聚会的地点，古人类定期返回这些地点进行一些神圣活动

图2–13 游戏的第二项特征是"秩序性"，它在特定范围的时空中"演出"

图2–14 百老汇歌剧
各种游戏性活动逐渐物质化：幻想变成戏剧，性愿望化作诗文、舞蹈和音乐；在野蛮社区中才有的节日庆典，逐渐成为城市日常生活的一部分

图2-15 雅典第一届奥运会体育场

一座戏台。这座戏台上的普通生活也带上了戏剧色彩，而城市公共广场的环境背景进一步提升了演员们表演的感染力。丰富的城市活动，如聚会、比赛、表演等，通过背景、环境、情节、冲突、高潮、解决——这些戏剧表演中的形式，都一一进入城市日常生活。如果我们设想将城市生活的戏剧性场面都去掉，比如竞技、辩论会、表演、庆典等，城市中多半有意义的活动都将消失，"只有在城市才可能为人类戏剧准备如此齐备的人物角色，也只有在城市中才可能有如此丰富的多样性和竞争性去活化戏剧情节，把表演者们推向精彩、专注、自觉参与的最高潮。"（刘易斯·芒福德）

随着城市中职业的不断分化，城市这个演戏场内包容的人物越来越具有多样性，这使交流与对话成为必须和可能。交流成为了城市生活的最高表现形式之一，如果说提供各种形式的对话和戏剧是城市的本质功能之一，那么城市发展的一个关键因素便很明白——它在于社交圈的扩大，以致最终使所有的人都能参加对话。

古希腊奥林匹亚竞技会通过有严格规定的比赛表演，寓人类精神于体魄之中，各个城市的人们在共同的奥林匹亚的舞台上会面，这种体育比赛的游戏使人类精神处于一种积极的进取状态。另外，希腊的戏剧剧场也是人们表达荣誉与信念、智性娱乐的场所。而雅典卫城作为城市神祇的家园、朝觐的中心，也是节庆游行的聚会舞台。希腊化时代的城市中心商业区，其重要的城市功能也是作为各种大规模演出的舞台——一个容纳观众的容器（图2-16）。毕达哥拉斯把生活本身比作体育大赛："有些人是去参赛夺奖，有些人去那里是为了出售商品，但最优等的

图2-16 希腊化时代的城市中心商业区，其重要的城市功能也是作为各种大规模演出的舞台——一个容纳观众的容器

图2-17 古罗马的广场、大剧场、公共浴场、角斗场都是宏大的城市舞台

图2-18 作为节日和活动大舞台的城市，更能激起人们的热情。

图2-19 西方绘画中的街道市井生活

人是去作观众。”在比赛中，无论富人和穷人，高贵者与卑贱者，都融汇到城市观众或演员这些角色之中。

古罗马被作为过分追求物质享乐而导致城市发展失控的典型，其广场、大剧场、公共浴场、角斗场都是宏大的城市舞台（图2-17）。其广场并不单单是一个开放场所，它由圣祠、庙宇、法庭、议会、柱廊等形成完整的管区，在其上开展多种活动：宗教集会、市场交易、辩论会等。

中世纪城市具有丰富的社会生活景象，但不论其生活多么繁复，首先它还是教会举行各种仪式的一个舞台。这也是中世纪城市的最精彩之处。这些城市都适应于露天表演和盛装游行。教堂作为朝圣地是举行盛大宗教仪式的场所。

当代城市在延续和深化城市作为舞台的特征，一些非正式的城市活动，如才艺的交流（如街头艺人的表演）、小商品的交换（如街头市场）、观点的交流（如自由表达言论、集会、示威活动），是城市日常公共生活的主要内容。而作为节日和活动大舞台的城市，则更能激起人们的热情（图2-18），如文化活动，包括各种演唱会、博览会、展示会等，使市民们能极大地享受到生动有趣的社交活动，体验都市生活的欢乐。而各种运动会、选美等、择优的比赛，更使市民们感受到城市旺盛的生命力。周期性的节日庆典、狂欢、游行等，多样化、有组织的大型都市活动更在宣泄着市民们饱满的激情。

总之，城市公共广场是演出人类生活戏剧的天然大戏台，生活的戏剧把人们安排在各自的位置上扮演生活中属于自己的角色。

公共街道——城市作为戏剧布景

街道及其两边的人行道，是城市市民日常生活的主要器官。街道作为公共开放地，不仅仅可供日常进出，同时又是城市社交、表现的舞台（图2-19）。公元1世纪的维特鲁威把街景功能描述为戏剧背景，两千多年过去了，虽然城市空间结构发生了巨大的变迁，然而作为城市基本生活器官的街道，却仍在形式特征上维持着维特鲁威描述的当时欧洲都市街道的三种景观：其一称为“庄严的”或“悲剧式”；其二称为“欢快的”或“喜剧式”；其三称为“激情的”或“讽刺式”。

悲剧式街景“由柱式、山花和雕像构成”，这是一种古典式风格的街道。喜剧式街景则“装饰题材常常是阳台、连排窗和住所，是普通百姓的家园"。讽刺式街道则是以"景园风格的树木、洞穴、山体及其他自然物景"进行修饰的样式。

悲剧式的街道适合于市政街道，运用竖向古典元素可以取得市政街道的宏大尺度感。商业街道既可选取悲剧式的场景，也可采用具有喜剧场景特征的中世纪集镇的祥和方式，商业街无论运用何种具体的形式，它总是作为日常商业生活舞台的背景而成为这个城市的脉搏。

而激情的街道则设在郊外的小路上，街道由景园风格的树木及其他自然场景进行修饰，这适于花园城市风格的郊区开发，让人回归世外桃源。

无论何种类型的街道都作为城市日常生活的舞台，而街景则当然成为戏剧布景，不同的演出就会有不同的戏剧布景。

图2–20 街道界面的影像化、媒介化特征进一步使当代城市成为戏剧的表演场

街道按功能类型分为市政街道、商业街道和居住性街道，这三种类型与三种维氏戏剧背景风格有对应关系，但并无严格界限。维特鲁威对城市街道的游戏性特征所作的精辟归纳至今仍然是一种具有生命力的都市传统。

当代社会在街道使用模式上发生了很大变化，步行被驱车所代替，电话在某种程度上代替了面对面的闲聊。现代城市街道已沉入到商业娱乐文化影像巨大的氛围中——街道被数码电子技术制作的精致广告、明星影像等所包裹。城市的娱乐业通过商业化运作制造梦幻的源泉，制造流行和时尚，街道被这些巨大的文化影像所包裹。努维尔曾指出："建筑与视觉上的双向度整合有着密切的联系，电视、电影、广告将整个世界转换成平面。"这种二维效果使他相信，"材料、质感和外观的卓越已经越来越重要，物体间的张力是在外表的呈现，在界面上的显示"。

现代城市中建筑本身成为信息，就对视觉的俘获力而言，影像和建筑形态实际上是一个物体中不可分离的两个方面。

迅速变幻的时尚如同电影蒙太奇，街道界面的影像化、媒介化特征进一步使当代城市成为戏剧的表演场（图 2–20），是当代城市的游戏性特征在视觉向度的表达。

公共生活——城市作为乐园

古谚云："一切皆梦幻"，我们代之以"一切皆是游戏"，这似乎是精神孱弱的表现，但实则是柏拉图称人是神之玩物时所达到的智慧。在圣经《箴言》中，也有同样的非凡意象："主据有我在造化之初，在他造万物之前。从亘古，从太初，未有世界之前，我已被立。……我在他那里工造万物；日日为他所喜爱，总在他面前游戏；在世界中游戏，而我的喜悦将与世人同在。"

福柯认为人的本性不是劳动和创造，而是快乐和游憩（图2–21）。他心目中的理想不是知识和真理，他要达到的目标不是强力与权力的平衡状态，而是作乐、需求、欲望、机遇、反抗的过程，让身体所具有的膨胀的、间断的能力在此过程中任意地释放。

图2–21 拉斯韦加斯

市井是市场与市民生活的集成，是城市（镇）平民赖以生存的土壤和营生空间。"一部城市生活史，一部由各种表现上看起来微不足道、琐碎至极的生活层面组织起来的历史，由皇宫和狭巷陋舍、富商大贾和小贩货郎、面容迥异的海外来客和荷锄肩担的农民的生活交织起来的历史，就是一部城市中的日常生活史"。这种市井生活是一种极为活跃、极具生命力的文化，它兼容百纳、吞吐自如，永远追逐和创造着时尚，也永远处于游戏状态。追逐时髦，创造流行。市井是人性的通俗化宣泄，是一种奔腾的"现象流"，是城市中最具活力的舞台（图2–22）。

图2–22 市井是人性的通俗化宣泄，是一种奔腾的"现象流"，是城市中最具活力的舞台

如果说市井生活更多代表的是传统城市生活，那么大众文化（Mass Culture）则是现代城市生活的整体背景，当代社会的商业、交通、通信方式重新塑造着大众心理，大众文化代表了多元性、兼容性的文化空间，当代大众文化发端于后现代主义，后现代风格走进城市建筑、商业广告、时尚杂志，与大众文化混合在一起。

在当代语境中，建筑师和艺术家往往运用反讽和游戏的方式表达观念，他们都不愿意让自己及其建筑表现出一副正襟危坐、面无表情的冷面孔。为了获得一种生动感和调侃趣味，宁愿玩一些危险的语言游戏，甚至把自己的游戏之乐建立在牺牲他人作品神圣性和严肃性的基础之上，如文丘里的《建筑的矛盾性与复杂性》，可以说是反讽式批评的典型范本。M·弗里辛道普创作的"臭名昭著的欢娱"，由于在雷姆·库哈斯（Ram Koolhaas）的《疯狂纽约》一书中发表，已被作为一个著名的反讽式建筑文本受到关注（图2–23）。

后现代城市的这种"美学游戏的狂欢"既与维特根斯坦的"语言游戏"[1]有关，也与德里达的"文本游戏"[2]有关。当代城市建筑创作被当作一种审美游戏，通过艺术上的反叛与游戏来获得真正的审美快感。

作为大众文化的一种传播媒介，网络开辟了全新的生活方式，网络的虚拟空间、网

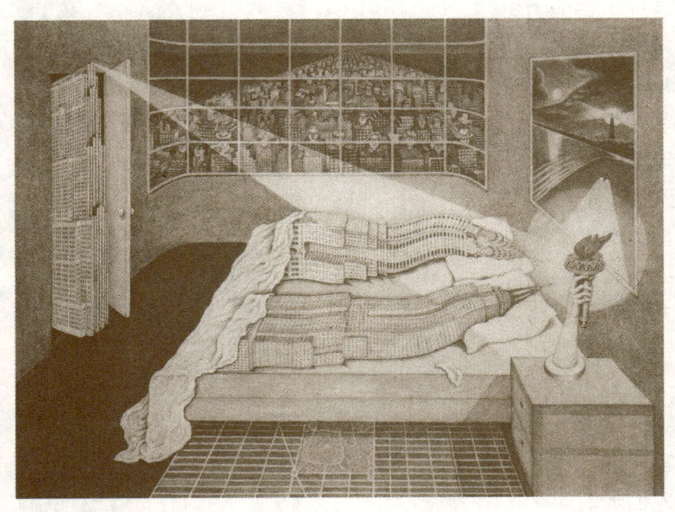

图2-23 《疯狂纽约》——雷姆·库哈斯(Ram Koolhaas)

建设开发——城市作为博弈场(图 2-24)

城市一词是"城"与"市"的结合，而城市之发展，主要是"市"在起作用。《周易·系辞》记载："日中为市，致天下之民，聚会天下货物，各所共得。""市"是指交易场所。在近代以前，城市的格局一直是以宗教和君王的权威来调控的。近、现代由于宗教和君权日渐式微，市场经济这一"看不见的手"对城市格局产生越来越大的支配力。

人类是唯一会做交易的动物，狗是不会相互交换骨头的（亚当·斯密语）。市场经济条件下的城市开发是一种类似制造博弈的过程。

络生活造就了当代城市生活的游戏性基质，极大地扩张了游戏的外延。

网络时代的人们习惯并期待一种模糊的无深度、无中心，甚至于也不需要提供真实世界基本意义的生活。

有人用"无厘头文化"来概括数字化城市新人类文化，他们弃绝流行音乐中任何可能的深度、可能的意义和想法。由于信仰的失落、宗教的式微，文化多元性的分解作用使现代人寻求心理满足的快感原则、游戏原则，不是寻找一种永恒宁静的力量，而是不断激起瞬间即逝时刻的亢奋。

传统的城市市井生活的丰富性，现代大众文化、后现代文化的多元化、快感原则，特别是网络时代造就的具有游戏性基质的城市生活，从人的生活向度丰富了城市的游戏特征。

现代城市通过制定博弈规则，布置博弈空间，选择博弈选手，安排博弈程序，创造博弈条件，以规范和激励博弈者，从而提升城市空间品质，丰富城市生活。

博弈论创立于20世纪中期，意思是每个对弈者在决定采取何种行动时，不但要根据自身的利益和目的行事，也要考虑到他的决策行为对其他人的可能影响，以及其他人的行为对他的可能影响，通过选择最佳行动计划，来寻求收益或效用的最大化。以专业术语描述，博弈论是"研究决策主体的行为在直接相互作用时，人们如何进行决策，以及这种决策如何达到均衡的问题"。博弈是一种游戏，是一种策略的相互依存状况：你的选择将会得到什么结果，取决于另一个或者另一群有目的行动者的选择。广义地说，人生就是一个永不停息的博弈过程。城市开发作为一种博弈行为，其中的各种组织如开发公司、设计咨询公司、施工部门等都可能成为开发过程中的博弈者。

我们今日之物质财富都是源于自由市场竞争，也即是博弈的结果。亚当·斯密在1776年发表的《国富论》中精辟阐述了自私行为与市场运作的关系："每个人都会尽其所能，运用自己的资本来争取最大的利益。一般而言，他不会有意为公众服务，也不自知对社会有什么贡献。他关心的仅是自己的安全、自己的利益。但如此一来，他就好像被一只无形之手引领，在不自觉中对社会的改进尽力而为。在一般情形下，一个人为求私利而无心对社会作出贡献，其对社会的贡献远比有意图作出的大。"所以博弈不一定是坏事，也未必不能取得好结果。

城市开发博弈主体主要有两大类：一是城市政府与开发商；二是开发商之间。而博弈按得益情况主要可分为零和博弈、常和博弈以及变和博弈三种类型。

零和博弈："一方的收益必定是另一方的损失，某些博弈方的赢肯定是来源于其他博弈方的输。而最后各博弈方得益之和总是为零。"

常和博弈："在博弈中，各博弈方得益之和等于一个非零常数。"由于常和博弈中不一定有输家，利益的对立性体现在利益的多少，结果可能出现大家都分得合理或者说满意的一份，因此相互之间容易和平共处。

图2-24 城市开发中的博弈场

变和博弈："不同策略组合（结果）下各博弈方得益之和一般不相同。"变和博弈的结果也是博弈各方都有收获，但各方获利加起来是一个变量。

比如，住宅区开发既是开发商之间为寻求市场效益最大化的博弈（图2-25），也是开发商与政府在个体利益与社会利益之间的博弈。这种博弈结果可能是零和博弈，也可能是常和博弈以及变和博弈。另外，土地拍卖作为一种土地交换的市场行为，其拍卖过程本身也是一种有庄家的博弈行为，开发商通过报价竞争获得土地开发权，从实质上讲是各开发商之间的常和博弈。

市场经济条件下，开发商作为独立的经济法人，在市场竞争中具有寻求利润最大化的理性意识，开发商经济活动的起点和终点都以企业利润最大化为目标，而政府则以社会利益代表者的身份参与社会经济活动。以利润最大化为目标的个体理性往往与政府代表的社会理性相矛盾，这就形成政府与开发商间的博弈。

而城市开发政策、城市规划及规划管理制度则是政府针对城市开发制定的博弈规则，这些博弈规则从原则上讲应该产生常和博弈或变和博弈而不是零和博弈的结果。政府应通过这些博弈规则对城市开发博弈以积极引导，既让开发商能进入一种投资—收益—再投资 再收益的良性循环，同时又赢得城市生活环境的改善与提升，以尽可能寻求收益或效用最大化的多赢局面。

当代城市空间格局的塑造主要由城市开发行为所拉动，城市开发作为城市经济生活中占重要地位的博弈行为，以及城市开发政

图2-25 上海·汤臣一品
住宅区开发即是开发商之间为寻求市场效益最大化的博弈。

策、城市规划及规划管理制度作为城市开发博弈行为的游戏规则，使当代城市发展、城市生活充满精彩刺激的游戏性。

本文之所以提出城市的游戏性特征这一命题，旨在对当前城市建设中的三大倾向进行棒喝：一种是唯物质化倾向，整个城市沉溺于对 GDP 增长的盲目崇拜，将经济增长、物质丰富作为终极目的而不懈追逐；第二种倾向是功能主义的城市规划与建设，以汽车交通为先导的城市布局，城市常常被支解成功能碎片；第三种是唯视觉化倾向，追求“宏大叙事”和唯美情结，这是一种视觉美学上的浮夸风。

阐述城市的游戏性，旨在表明城市是一个耗散结构的自组织系统，要重视城市发展中的随机性和自我生长能力，要重视人内心的游戏性特质，在城市生活中多一些感性的存在，少一些冷漠的理性，用心去体味市井和大众文化，创造人性化、人情味的场所，呵护和引导好市场博弈，以健全和发育好我们的城市。

游戏是人生的抽象，人生如戏。众人汇聚的城市成就了你刚演罢我登场、一代接一代永不会谢幕的城市戏剧。怎样营造好这一永恒然而蒙太奇般变幻的城市舞台，是我们这些无限光阴长河中的短暂过客所要思考的。而这种思考应该以人所特有的游戏性心境才能催生出真正属于人而不是物的城市。

注 释：

[1]：维特根斯坦（1889～1951）：20世纪最重要的西方哲学家之一，他的思想特别是以“语言游戏说”为代表的后期思想对传统思维方式展开了彻底批判。他否认语言有任何独立、客观的意义，认为词和句子在不同语言环境中有着不同用法，其意义取决于不同的使用场合，随着用法变化而变化。他的这种语言的意义在于用法的思想彻底打破了传统抽象的语言观。后现代哲学思潮对传统哲学的消解与维特根斯坦的这种后期哲学思想有着明显关联。

[2]：雅克·德里达（1930～2004）：解构主义创始人，法国哲学大师，他不满于西方几千年来贯穿至今的哲学思想，对传统的不容置疑的哲学信念发起挑战；德里达认为写作与阅读中的偏差永远存

在，文学作品不存在任何内在的结构或中心，作品文本就是一个“无中心的系统”，它既没有确定意义也无终极意义。他提出的解构主义直接对人类文化的传播载体——语言提出了挑战。其解构主义思想对后现代艺术影响甚大。

图片说明：

图2-10都市博弈
网络下载http://www.nipic.com/show/4/79/2717c5af0c95d28f.html
图2-11宗教仪式从神圣的游戏中发展而来，诗歌诞生于游戏并得到游戏的滋养，音乐和舞蹈是纯粹的游戏……战争规则、贵族生活的习俗也建立在游戏类型之上。
网络下载http://www.ucctv.com/html/mudedi/guowai/changyoutihui/200807/10-8527.html
图2-12城市最初只是古人类聚会的地点，古人类定期返回这些地点进行一些神圣活动。
网络下载http://justforfunhere.blogspot.com/2007_09_01_archive.html
图2-13游戏的第二项特征是“秩序性”，它在特定范围的时空中“演出”。
网络下载http://news.sina.com.cn/photo/
图2-14百老汇歌剧
各种游戏性活动逐渐物质化：幻想变成戏剧；性愿望化作诗文、舞蹈和音乐；在野蛮社区中才有的节日庆典，逐渐成为城市日常生活的一部分。
网络下载http://www.bda.edu.cn/xinwen/wd/photo/5-16/1_big.jpg
图2-15雅典第一届奥运会体育场
网络下载：http://bbs.acgmall.com/viewthread.php?tid=1596
图2-16希腊化时代的城市中心商业区，其重要的城市功能也是作为各种大规模演出的舞台——一个容纳观众的容器。
网络下载http://www.9hipi.com/WineCulture-con_949.shtml?viewPage=news
图2-17古罗马的广场、大剧场、公共浴场、角斗场都是宏大的城市舞台。
网络下载http://news.sina.com.cn/photo/
图2-18作为节日和活动大舞台的城市，更能激起人们的热情
网络下载http://www.phototime.cn/photo/C06417997.html
图2-19西方绘画中的街道市井生活
网络下载http://news.sina.com.cn/photo/
图2-20街道界面的影像化、媒介化特征进一步使当代城市成为戏剧的表演场。
网络下载http://news.sina.com.cn/photo/
图2-21拉斯韦加斯
网络下载http://games.sina.com.cn/j/n/2007-08-09/1535208687.shtml
图2-22市井是人性的通俗化宣泄，是一种奔腾的“现象流”，是城市中最具活力的舞台、
网络下载http://www.news.qq.com
图2-23《疯狂纽约》——雷姆·库哈斯(Ram Koolhaas)
网络下载http://www.chinaacsc.com/attention/ShowArticle.asp?ArticleID=1462
图2-24城市开发中的博弈场
网络下载http://gd.sohu.com/20080109/n254542857.shtml
图2-25上海·汤臣一品，住宅区开发即是开发商之间为寻求市场效益最大化的博弈
网络下载http://news.qq.com/a/20071211/000443.htm

论城市的权力本质

About Essence of Urban Power

图2-26 手里拿着城市图像的圣吉那诺守护圣徒

刘易斯·芒福德（Lewis Mumford）认为城市是权力与集体文化的最高聚集点。

城市具有某种物质上或象征意义上的形态界限，这个界限将城市性与非城市性结构区分开来。没有"墙"的城市不是城市——即使不存在物质形态上的界限，城市也一定会有某种行政意义上的边界，这是权力和限制得以实施的合法范畴（图2-26）！

在中国古汉语中，"城"是指围绕人群聚落修筑起来的防御性设施。在人类早期的原始聚落周围即出现了土筑、石砌、木栅或沟壕式的"城"，以防御野兽侵袭或部落战争。之后又出现了用石墙、城楼、雉堞围绕的更坚固的城墙，主要是保护奴隶主的财产和安全。在城的外围有时还建有同样用于防御作用的"廓"。中国从夏代起就已开始"筑城以卫君，造廓以守民"（图2-27）。

权力释义

"权力"，在印欧语系中源于古拉丁语中的Potere，原意为"能够"或具有做某事的能力。由此而派生出的英文Power和法文Lepouroir，也都含这个意思，侧重于某种能力和力量。

在现代生活中，"权力"被引申、扩展为：一个人依据自身的需要，影响乃至支配他人的一种力量（图2-28）。德国社会学家韦伯指出："我们所理解的权力，就是一个或若干人在社会生活中即使遇到参与活动的其他人的抵制，仍能有机会实现他们自己的意愿。"权力是一种能力，是对他人和资源的支配能力。

波特兰·罗素（Bertrand Russell）在《权力论》中对"权力"给予了全面阐述。权力具有以下特点：

- 权力的社会性。权力是一种社会现象，是人对人的关系，而不是人对物的关系。
- 权力的非对称性。表现为权力主体的发号施令和权力客体对命令的服从。
- 权力的强制性。意味着不按权力主体的意愿行事，权力客体就要承担某种后果。

权力的宏观性

权力被认为是一种"必要的恶"，具有积极和消极两方面的作用。它既是维持秩序、实现公共政策目标不可缺少的手段，也是谋取不正当利益、实施专制和暴政、发动战争的工具。人们在认识和肯定其积极作用的同时，也总是力图对它作出必要的规制。这是一种对权力的宏观理解，把权力看作是国家的专政工具，看作是对社会群体进行"领导、

图2-27 筑城以卫君，造廓以守民

图2-28 权力是一种能力，是对他人和资源的支配能力

指挥、支配、控制、管理、约束”的手段与形式。

权力的微观性

法国哲学家米歇尔·福柯（Michel Foucault）研究的“权力”所关注的不是宏观的国家权力，而是渗透在社会毛细血管中的局部的、微小的权力形态，即一种“微观权力”。在福柯理论中，权力并不属于任何具体的个人、国家或组织，而是遍布社会各个角落。在某种程度上，我们所有人都被纠缠在这个权力循环中，既是压迫者也是被压迫者。

福柯认为：权力就是各种力量之间的关系，或者说，力量之间的各种关系就是权力的关系。福柯更关注权力的肯定功能、生产功能。

如果社会真的解除对所有群体的控制，那么就没有稳定的社会环境和健康幸福的生活。应该从历史发展的角度看待自由和规训的问题，正是人类理性不断地用规则和秩序要求自己，才使人类完成了由猿到人的转变，才有了国家与城市的日益发展。

关于城市起源的分析，常常将人们带入鸡与蛋的循环论当中。

柏拉图《理想国》中的城市在某种程度上是一个几何学的作品：“城市中心是卫城，并在其周围建起一圈城墙。”在柏拉图看来，完整性和均衡性只存在于整体之中，为了城邦可以不惜牺牲市民生活。柏拉图认为城市是用绝对理性和强制秩序建构起来的！

城市起源于政权和宗教的需要

在复杂的社会、经济、政治变化进程中很难分辨出导致城市形式产生的那个单一的、自律性的诱发因素。但无论经济、技术或战争怎样引发城市组织的结构性变化，这些结构性变化必须得到当政机器（instrument of authority）的支持才能获得制度化的持久性。

正是当政机器，成为许多城镇得以产生的推动力量，这里的权力可等同于社会力量。王朝与王权是建造城市的绝对需要（图2-29）！即使对于那些自然形成的城市，其发展的某个重要阶段，领袖人物或大众的愿望也会发生决定性作用。将城市解释为完全的“自然”因素作用的结果，是一种物质决定论，与人类发展的现实不相符合。

亚里士多德（Aristotle）说：人是政治的动物，所以人天生适合生活在城市里。

在历史上，许多新城的出现预示着一个新时代的开始，就像巴格达之于阿勒曼苏尔，元大都之于忽必烈，凡尔赛之于路易十四。统治者为他的城市规定人口数量，并迫使城中的人在预先设置好的相互关系中生活（图2-30）。

图2-29 王朝与王权是建造城市的绝对需要

图2-30 秦始皇：统治者为他的城市规定人口数量，并迫使城中的人在预先设置好的相互关系中生活

图2-31 锡耶纳：城市形式是刻意设计，在中世纪城市中其是经过最严格控制的一座城市

无论早期城市化过程实际情况如何，古代传说都坚持认为城市的创造是由最高层允准并实施的刻意行为，是神创造并管理着城市。约瑟夫·里克沃特（Joseph Rykwert）在《城市的理念》（The Idea of a Town）中，试图证明古代城市首先应该是象征的模式，是从神话和礼仪中生长出来的。古希腊与罗马时期的许多著名城市就是因其文化的繁荣和巨大的宗教吸引力而发展起来。

当权者往往十分关注城市中的公共建筑物，特别是能代表城市个性的公共地标。早期的集权政府通常会强调建造公共领域中的宫殿和庙宇。

城市作为法律与正义、理解与平等的基地的职能，逐渐取代了城市作为宇宙的宗教性体现这种职能。为控诉不合理现象和非法暴力，人们就须向城市中的法律请求保护，城市的演变和发展越来越依赖于法律、秩序的力量保障。

城市特色形成于管制

锡耶纳山城曾被列为“有机规划在美学和工程学上的卓越例证”，其城市形式被认为是在不断填充和巩固自然地形的过程中随机形成的，然而进一步的研究表明：它的城市形式是刻意设计，在中世纪城市中是经过最严格控制的一座城市（图2-31）。为完善和发扬这个城市早期形成的布局特色，其城市议会制定了控制要求：为了锡耶纳的市容和几乎全体城市民众的利益，任何沿公共街道建造的新建筑物……都必须与已有建筑取得一致，它们必须整齐地布置，以实现城市之美。

分析早期的城市形式，我们常常感觉到一种设计有序的环境，沃尔沃·布劳恩菲尔斯在《西欧的城市设计》中认为城市是以“反映整体的形式和秩序的典范”为目的而进行设计的。

权威的城市规划

城市规划在城市发展中起着控制、引导和保障作用，本质上是一种对利益关系的调节。

城市规划具有一定政治性，在抽象的城市公共利益标准和规范的指导下，对城市空间发展以及土地使用作出综合性分析判断，对于难以预见和控制的未来城市发展从整体上给与特别关注，并采取措施努力维护未来城市利益。同时，城市规划通过专家的分析判断来估测未来某个时期城市社会经济发展对物质环境的要求，使政府在制定有关政策时能避免盲目性，对资源作出预先安排。

强调技术进步对城市发展的作用，掌握技术的人拥有对城市发展的"控制权"——在解决物质环境问题方面，城市规划拥有一种"与我们时代精神相符合的"空间的"控制权"（图 2–32）。

谈到华盛顿规划，其总规划师皮埃尔·朗方认为：未来首都华盛顿作为一个强大帝国的首都必须显示出与其实力相匹配的雄伟。

城市规划发布"命令"的权力被改造为权威，需要将权力加以合法化。由现存的政治制度通过颁布法律法规来授权，就是将权力以某种相对稳定程序和形式体现出来的。

当代城市强调规划的作用主要是针对"市场失灵"或"市场力不完善"，是为了保障市场能够克服其自发运作过程中所可能带来的破坏性，它实际代表的是"政府力"的作用。

城市规划的权威性在城市营造过程中也会产生出"异化"。在城市规划中每个地块的容积率、密度、高度，这些刚性指标，体现的是一种权力。每个地块都划有红线，每个地块规定退红线多少——如库哈斯描绘的监禁的城市，是一种被容积率、密度、红线、高度等雕琢出来的城市。这些刚性指标体现的是一个个片段化的权力（图 2–33）。这种权力在城市发育过程当中，有时起到了促使城市肢解的作用，使城市呈现出一种片段化的分离状态。

尽管几乎没有一个城市是完全按照预先规划好的形态发展，而只是沿着自身的规律发展、演变……无论各国城市规划权力制度化的具体进程如何，城市规划实质上已成为政策目标实施的一种手段，成为政府控制和参与城市土地使用的重要机制，成为城市物质环境方面体现政府意图的主要工具。

政府"经营"城市

城市形态发展演化是在无意识的自然生长与有意识的人为干预双重力量下共同作用的结果，城市形成以来，人们借助各种手段，使其发展演变尽可能符合人类发展的愿望（图 2–34）。早期城市主要受统治者意图的直接控制，现代城市则主要是通过城市规划、政策、法律等加以调控。

随着我国经济向市场经济转变，市场成为资源配置的主体，土地的市场化对土地配置方式和开发强度产生了影响。市场机制按

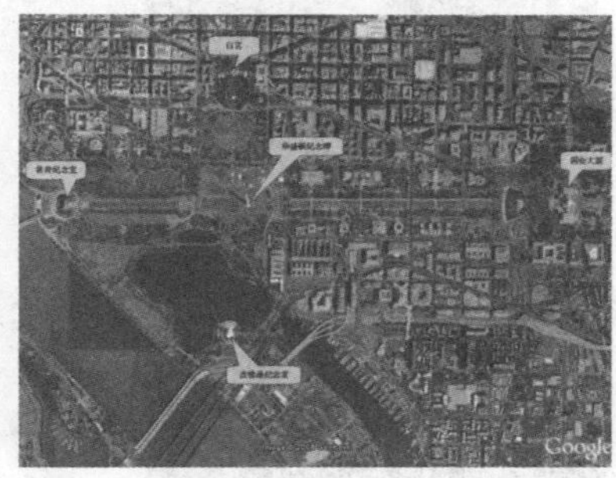
图2–32　华盛顿：权威的城市规划

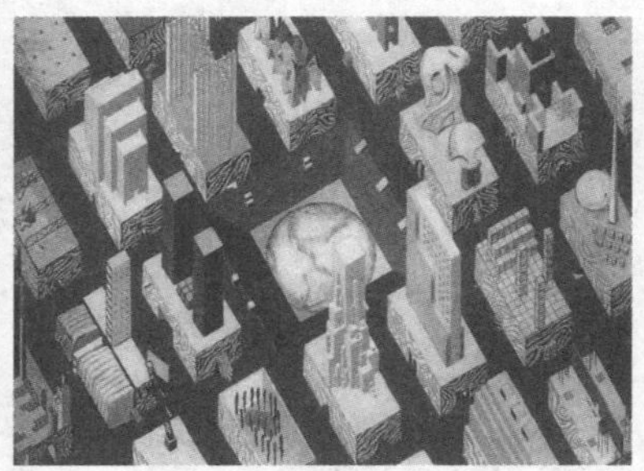
图2–33 监禁球体的城市——库哈斯

图2-34 迪拜——发展的图景

城市形成以来，人们借助各种手段，使其发展演变尽可能符合人类发展的愿望

图2-35 迪拜：发展至上的城市

图2-36 东方儒家文化构成了当代城市大的文化背景，投影在政治上的表现为权力的集中与政令的畅达

地价来引导和安排城市各项功能用地，推动了城市土地利用结构向优化和高效率转化。

市场机制成为城市土地资源配置的主要手段，但其本身也有缺陷，具有自发性、盲目性和滞后性等特点，完全被市场机制所主宰的城市土地利用会成为仅受私利控制的增长机器，导致公共空间减少，城市环境恶化，这要求强化政府在调控中的主导地位，用法规和政策对城市土地利用扩展模式进行理性管理，使之符合城市发展的长远目标（图2-35）。

城市经营作为一种城市管理模式，是经济转型期一种政府行为的变革。城市政府从经营企业转变为经营城市，在城市建设和管理领域，调动城市利益相关者的积极性，实现城市投资主体的多元化。

当前以城市经营带动城市经济发展的过程中，需要有一个能够具体指导建设项目，具有权威性和可操作性的规划来进行调控，解决城市建设项目与国民经济计划的结合，解决土地投放与城市空间结构的优化。

我国城市行政决策权主要在市人民政府，市长是决策中的核心人物，市长的职责之一，是要负责组织城市规划的编制和实施，市长必须统筹整个城市经济的方方面面，以实现城市经济增长，政府在制定城市空间发展战略以及城市土地使用过程中，服从于经济持续发展这一核心目标。政府政治运作本身的方向和契机，深刻地影响着城市规划的价值选择。

当代城市快速发展的作用主体为政府、开发商与民众。政府以大众利益为本，以经济发展为目标，推动城市发展。开发商则以市场为导向，以利润为目标，参与这一城市发展过程。

在城市经营过程中，城市更像一个企业集团公司，市委书记像“董事长”，市长像“总经理"。整个城市在一种强有力的企业化机制下高效运转。

东方儒家文化构成了当代城市大的文化背景，投影在政治上表现为权力的集中与政令的畅达（图2-36）。政治权力的集中不仅避免了党派之间的内耗，更加快了决策进度，在城市发展中表现为高效快速的决策与强大的执行力。

经济发展是城市政府业绩的重要指标，而城市建设则是经济发展的主要表现形式。因此，城市政府在城市建设中表现出超乎寻常的热情与效率。

形象至上的城市——壮丽的城市设计

从金字塔时代开始，西方人就把城市与建筑看作是追求永恒的艺术纪念品。他们不惜经年累月，甚至一代接一代地完成所谓的不朽功业。他们十分慎重地对待前人留下的思想与作品，虔诚地恪守城市和谐的艺术法则，城市设计也因此成为一门真正的艺术。

凯文·林奇在《好的城市形式》（Good City Form）中，设立了一种"宇宙"模式的标准模式——他称之为"神圣城市"，将平面布局作为对宇宙和神明的一种解释。这一类型包括文艺复兴和巴洛克规划中那些特别强调权力的理想平面。这类模式在设计上的特点是纪念性的轴线、城门、主导性地标，对规划网格的依赖以及等级型的空间组织。

在城市设计与社会生活中，权力始终是决定一切的因素。17世纪的法国，国王与资产阶级相结合建立了中央集权的绝对君权国家，唯理主义与古典主义便是这一绝对君权制度下的产物（图2-37）。

占绝对统治地位的君权政体要求在社会生活的一切领域体现其统一、有秩序和永恒的王权至上要求，在社会生活与一切文学艺术样式中建立"高贵的体裁"和统一的规则（图2-38）。

17世纪西方思想家笛卡儿认为："我们可以看出，由一个建筑师设计建成的大厦，比几个建筑师共同建成的大厦要优美漂亮得多，而且使用起来也方便得多。同样，那些原先最早是小村子而后来逐渐发展扩大为大城市的古老城市，比起由一个专业建筑师在空地上自由规划，整整齐齐新建起来的城市常常要差得多。"他认为人类社会的一切活动均应置于由同一个原点所建立的几何坐标系之中，由此所产生的秩序才是永恒和高度完美的。

图2-37 巴黎——形象至上的城市，壮丽的城市设计

图2-38 巴黎协和广场

图2-39 凡尔赛宫的总体设计对欧洲各国的城市设计产生了十分深远的影响

图2-40 建筑是权力的雄辩术

凡尔赛宫的总体设计对欧洲各国的城市设计产生了十分深远的影响（图 2-39）。它所确立的由纪念性、广场和景观大道所构成的规划，此后几个世纪风行欧美，也成为后来许多殖民地国家城市设计的样板。从那时起，那个时代漫长的夕照一直洒向了今天。

城市美化运动在其盛行的几十年间，在不同的经济、政治和文化背景下，作为金融资本、帝国主义的象征和个人集权意志的体现，其最基本的特征在于它的纪念性和以建筑物作为权力的符号和象征。

壮丽风格是一种主宰性的城市设计。它与皇帝以及帝王的首都密切相关。它上演着权力！

所有的城市在不同程度上都是一种权力的集合体，而以壮丽风格手法设计而成的城市则启用了以物质形式表现权力的手段。这种城市通过空间结构和全套城市装备来实现这一目的。这是一种理想化的城市形式，所谓上演权力其实也就意味着操纵形象。这些操纵者心目中已经装有一群预先设定好的观众，一种希望传递给这群观众的效果——一套通过适当的应用而表达出权力、壮丽的视觉语言。

壮丽风格总是和集中性的政权联系在一起的。壮丽风格要求的那种宏伟的构架和抽象的模式必须有一个不受阻挠的决策过程，一个能够帮助其实现的财政储备。如果缺少这样一个强势的政权，壮丽风格就会成为纸上谈兵。

壮丽风格将居住纳入与城市整体形式相关的全面纪念性格局当中。巴洛克美学长期兴盛，因为它具有现代的特征，也因为它代表了那种将城市作为艺术品对待的态度。它的兴盛是因为它能够展现清晰、强烈的城市意象，这些意象既很现代，又与传统的成就相呼应，这正是城市美化运动所向往的。通过城市美化运动可以教化由于商业主义恶魔的控制和对放任主义的姑息而呈无序发展的当代城市。

资本至上的城市

市场经济条件下的私有化经济表现勃勃生机。对利益追求的最大化，大量投资引入城市开发，房地产的高利润使投资商趋之若鹜。当代城市中心聚集着高层办公楼等高耸的影像，"建筑是权力的雄辩术"（图 2-40），对财富的炫耀，对空间的控制欲，因资本而

图2-41 天际线是城市的象征，是城市个性的浓缩

达成！

传统城市已经被现代城市经济活动所抛弃，我们的城市不再是大教堂的城市，而是商业或工业的中心，它们有权拥有自身的新图景。

引领当代城市意向的建筑物往往是由大型金融机构、跨国集团所建造。左右市场经济的主导性资本力量通过建造标志物——摩天大楼，把他们对经济的掌控力化为城市控制性的形象！当代城市格局的迅速演变，新的造城运动，依靠的是资本的驱动力！

天际线是城市的象征，是城市个性的浓缩（图2-41），任何时代的城市都有各自高耸突出的地标，以颂扬其信仰、权力和成就。这些地标归纳了城市形式，突出了城市意象（图2-42）。这些城市影像之所以出现在天际线是因为它们获得了出场资格，当代城市通过天际线呈现出资本的力量！

图2-42 芝加哥：任何时代的城市都有各自高耸而突出的地标，以颂扬其信仰、权力和成就

图2-43 乌托邦城市

乌托邦城市

孔子的大同世界、柏拉图的理想国、欧文的“新协和村”、斯大林的集体农庄等——这些美好社会的空想，都可统称为乌托邦。乌托邦通过欧文、马克思、列宁一路发展演变为现代社会主义制度；乌托邦还通过欧文、霍华德、托尼·戈涅、柯布西耶、《雅典宪章》一路发展演变为现代主义城市规划。因而可以说，现代社会主义和现代主义城市规划有着共同的源头：乌托邦（图2-43）。

“乌托邦”认为历史发展是可以预测的和预期的，可以精确规划未来城市，包括人们如何行动、如何思想，为了实现国家公共利益的最大化，必须实施社会改造，包括对人的改造。这一逻辑容易导致权力主义的倾向：为了实施对人的改造，就必须获得并扩大国家权力以加强对社会与人的控制。

柏拉图的乌托邦理想在城市发展的不同阶段总是不断地顽强再现，他的那种具有代表性的“社会几何学家”式思维仍会不断有传人。现代城市，其城市形态就经常表现为一种乌托邦世界。

巴西利亚和昌迪加尔可以视为一种“光辉城市”的乌托邦城市，战后欧美很多城市的重建和开发，现在的北京、上海、深圳以及国内各省会城市也能隐约看到这一乌托邦幻影。

当代中国处于社会主义和市场经济的双重乌托邦情景之中，迅速发展了的各大城市深深陷于一种具备“光辉城市”乌托邦特征的超现实状态。

作用于我们城市的乌托邦可以被理解为：使社会空间中各种相互关系协同合作的动力机制。乌托邦成为一种使命感，一种英雄主义气势。乌托邦本身所带来的希望是政策的推动力，是一套由上而下的政策和管理方法，带着我们向既定的图景前进！

“自上而下”的城市理论

自简·雅各布斯的《美国大城市的生与死》之后，城市理论研究领域普遍关注自下而上的城市生长力量，关注城市的多样性与丰富性。城市自然生长理论及行为与交往等理论的深入研究，更使关注自下而上的生活性、市民性成为当代世界城市研究的主流。

而城市具有复杂性与矛盾性，我们思考自上而下的控制力量，有助于打开一种新的研究视角，以使我们对城市的理解更加深刻，扩充我们“主流”城市理论研究的边界！

城市特质的引导

当代中国城市建设对“标志性建筑”的追求，使建筑创作热情得以释放，在“标新立异”的表达诉求中，当代中国建筑风格、建筑形态呈现出一种无序状态，怎样在建筑风格的多元各异中寻求一种内在的整合力量？城市风貌的熔炼——城市特质的表达，需要有明确的形式引导和形体控制！

“缝合”的力量

当代中国城市化以“快”为基本特征，这种“快”往往引起对原有空间尺度和形态的颠覆与撕裂，这种“跃进式”建设必然带来城市空间的跳跃性变化以及新旧尺度、新旧风格之间的断裂感！这也需要一种力量，将“生涩”断裂的城市空间加以“缝合”！

中国特色城市制造

在借鉴西方城市发展经验的同时，应该冷静分析“中国特色”，中国特色的社会主义城市建设有别于西方，我们有强有力的政府执行力！我们应该因借这种自上而下的力量，分析这种力量的规律，以形成具有中国特色的城市状态！

研究城市的权力本质，是为了拓宽城市理论研究的边界；是为了控制城市建筑风格的无序；是为了体现城市内在的整合力；是为了结束“千城一面”，熔炼城市特色！

如果我们仍然相信城市是人类最为复杂的创造物，如果我们仍然相信城市是一种世代相传的积累，它凝聚着我们社会共同的价值，并且为我们提供了一个可以共同生活的空间环境，那么，对城市的控制和引导就应该成为我们集体的责任！

诠释“权力”，是为了直面权力，从而因借权力！

图片来源：

图2-26手里拿着城市图像的圣吉那诺守护圣徒
斯皮罗·科斯托夫.城市的形成——历史进程中的城市模式和城市意义.北京：中国建筑工业出版社，2005.
图2-27筑城以卫君，造廓以守民
http://image.baidu.com/i?ct=503316480&z=0&tn=baiduimagedetail&word=%B3%C7%C7%BD%CB%D8%B2%C4&in=29517&cl=2&cm=1&sc=0&lm=-1&pn=74&rn=1&di=1864850040&ln=89&fr
图2-28权力是一种能力，是对他人和资源的支配能力
网络下载http://course.cug.edu.cn/org_behavor/chapter12/chap12/p364/p364.htm
图2-29王朝与王权是建造城市的绝对需要
网络下载http://www.nipic.com/show/4/79/7266fab0bbc32f9e.html
图2-30秦始皇：统治者为他的城市规定人口数量，并迫使城中的人在预先设置好的相互关系中生活
网络下载 http://hi.baidu.com/%CE%E9%BA%E8%D2%AB/album/item/678ff91fd7049fd21bd576f0.html
图2-31锡耶纳：城市形式是刻意设计，在中世纪城市中其是经过最严格控制的一座城市
网络下载http://www.gttv88.com/lv3_more.asp?id=5900
图2-32华盛顿：权威的城市规划
图2-33监禁球体的城市·库哈斯，薛皓东译.台北市：惠彰企业有限公司，2002.
图2-34迪拜——发展的图景
http://hi.baidu.com/%B0%B5%B5%AD%D3%EB%B3%E0%B3%CF%BD%BB%C8%DA/album/item/6b4c68af38800fdffaed5066.html
图2-35迪拜：发展至上的城市
图2-36东方儒家文化构成了当代城市大的文化背景，投影在政治上表现为权力的集中与政令的畅达
网络下载http://news.hexun.com/2009-02-09/114229707.html
图2-37巴黎——形象至上的城市，壮丽的城市设计
图2-38巴黎协和广场
网络下载http://www.51766.com/img/concorde/
图2-39凡尔赛宫的总体设计对欧洲各国的城市设计产生了十分深远的影响
网络下载http://wuhsinyikate.pixnet.net/blog/post/5851632
图2-40建筑是权力的雄辩术
网络下载http://hi.baidu.com/xxxholic175/blog/item/653e26d93c99f82f10df9b5a.html
图2-41天际线是城市的象征，是城市个性的浓缩.
网络下载http://www.designer-daily.com/city-skylines-vectors-2352
图2-42芝加哥：任何时代的城市都有各自高耸而突出的地标，以颂扬其信仰、权力和成就
网络下载http://news.fdc.com.cn/sjfczy/232334_3.htm
图2-43乌托邦城市
网络下载http://hi.baidu.com/xxxholic175/blog/item/653e26d93c99f82f10df9b5a.html

图2-44 气候的建构

建构与解构

Construction and Destruction

图2-45 传统材料的建构

建构

● 气候的建构力量

气候是一个地区城市布局以及建筑风格走向的重要影响因子。处于不同气候带中的建筑具有不同的特征——热带地区建筑往往形成浅色或单纯度高的色彩，其建筑布局也往往通透而开敞；而寒冷地区建筑色彩则相对沉着，建筑风格更显厚重，建筑布局更具内敛性。热带、温带及寒冷地区的城市建筑风格、城市格局往往呈现出各自鲜明的地域特征（图2-44）。

● 传统材料与技术的建构力量

传统材料可以鲜明地表达出地域传统。源自本土的石材、木材往往是表达地域性特征的最佳途径，它是形成城市地域性特征的重要基础。对传统建构技术方法的研究与表达，往往可以使城市呈现出一种具有时空跨度的延续性（图2-45、图2-46）。

图2-46 传统技术的建构

● 新材料与技术的建构力量

新材料与新技术是当代建筑新风格、当代城市新格局得以呈现的重要力量。新的结构方式催生新的空间形态；新材料与技术产生全新的建筑表皮和构造方式，因而衍生出新的建筑形式。新材料与技术使当代城市呈现出迥异于传统城市的全新状态（图2-47）。

图2-47 新技术的建构

● 地域文化的建构力量

地域文化往往成为展现城市独特性的内在力量。由一个地方环境和人文资源条件所提供的可能性是产生城市文化特色的重要前提，一个地方人们的行为习惯、价值取向决定了一个城市的精神气质。只有强烈而鲜明的地域文化才可以熔炼出具有独特精神气质的城市（图2-48）！

解构

- **新材料与技术的解构力量**

新材料与技术是城市建构的巨大力量，同时也是城市解构的力量。电梯等的出现使人类建筑可以往理想高度攀升，而结构等新技术不断塑造和解构着以往的建筑形式，新技术的解构力量成为城市不断演变的决定性力量（图2–49）。

- **后现代文化的解构力量**

后现代文化已充满着当代大都市生活。后现代文化作为一种游戏性因子，渗透在现代城市公共空间与公共建筑及各种日常生活中。通过个体建筑以及公共空间的后现代表达，通过对城市戏虐性的描绘，使现代城市呈现出一种新的状态（图 2–50）。

建构与解构相互转化

随着时间的推移，建构与解构之间将相互转化，两者的关系互相模糊、渗透。新材料、新技术既是建构的力量，也是解构的力量，它们不断“打破”和“塑造”着城市建筑风貌以及城市格局。

新技术、新文化对城市的建构与解构，正如“时尚”与“经典”的演绎——“时尚”蕴含未来的“经典”，“经典”源于过去的“时尚”。这也阐明了建构与解构相互转化的因缘关系。

当代技术及后现代文化“解构”着当代城市，同时铸造着新的城市状态，随着这种新城市状态发育完善，就完成了新城市状态的“建构”——被“解构”而成新城市状态的形成与固化转化成新的“建构”！

当代城市正是在建构与解构之中，不断演变与发展（图 2–51）！

图2–48 地域文化的建构

图2–49 新技术的解构

图2–50 后现代文化的解构

图2–51 建构与解构之间互相转化兼容

图片来源：

图2–44气候的建构
网络下载http://www.abbs.com.cn/bbs/
图2–45传统材料的建构
网络下载http://www.abbs.com.cn/bbs/
图2–46传统技术的建构
网络下载http://www.abbs.com.cn/bbs/
图2–47新技术的建构
网络下载http://www.abbs.com.cn/bbs/
图2–48地域文化的建构 德国某中世纪小镇.自摄
图2–49新技术的解构
网络下载http://www.cnzozo.com/pic/beijing100/2008/p011737895.shtml
图2–50后现代文化的解构
网络下载http://blog.163.com/xhzx2002_yyt/
图2–51建构与解构之间将互相转化兼容
网络下载http://www.abbs.com.cn/bbs/

游戏空间 VS 权力空间

Playness Space VS Power Space

经典建筑理论丛书

[美]罗伯特·文丘里 著　周卜颐 译

北京城市节奏科技发展有限公司　中文版策划

建筑的复杂性与矛盾性

图2-52

建筑师罗伯特·文丘里《建筑的复杂性与矛盾性》

当代城市空间的复杂性与矛盾性

建筑师罗伯特·文丘里在《建筑的复杂性与矛盾性》Robert Venturl:Complexity and Contradiction in Architecture(1966)一书中提出：意义的丰盛胜于简约，杂乱而有活力胜于统一，出色的建筑作品必然是复杂的和矛盾的。

文丘里针对的是建筑实体的状态，而对城市公共空间状态的分析更值得关注——现代城市从建筑之"实"（建筑实体）到城市之"空"（城市公共空间）都充满了复杂性和矛盾性（图2-52）。

- **当代城市空间的复杂性**

传统城市空间：呈现静态感与精神性（图2-53）。

当代城市空间，人们正面临着一种新城市状态——一个依靠边界和围栏构造的世界正转化为被网络和流动所统治的世界（图

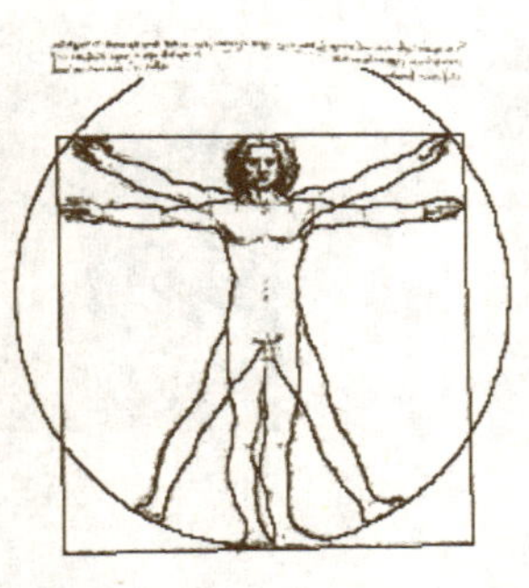

图2—53-1 达·芬奇的古典人

图2-53-2 静态感、精神性

图2-53-3 传统城市空间

图2-53

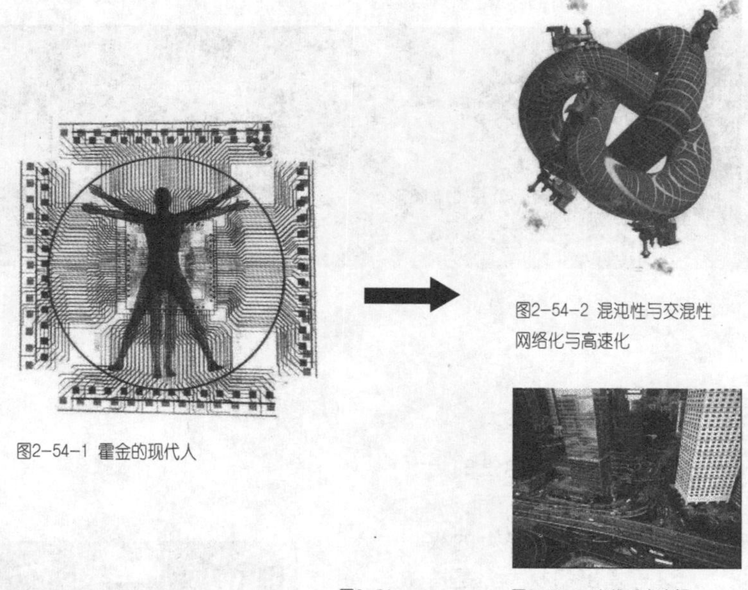

图2-54-1 霍金的现代人

图2-54-2 混沌性与交混性
网络化与高速化

图2-54-3 当代城市空间

图2-54

2-54)。在各种流动(网络化、高速化)交织的、具有新的复杂性与矛盾性的当代城市，怎样建构以人为核心、具有多样性的现代公共生活空间，是我们面临的问题。

● 当代城市空间的矛盾性

当代城市空间的矛盾性有三个方面：市民主义机制与精英主义机制之间的矛盾；市场主导型与政府主导型之间的矛盾；超空间与城市功能及空间的复合多样性之间的矛盾。

当代城市公共空间在不同的生命体验、社会生活和价值体系的交互以及它们的彼此共存、互相交融中，充满混沌性和矛盾性。

当代城市社会正在从单一主体到多元集合发展；城市管理也从计划和强权转变为灵活与分享；城市规划手段正在从空间规划向人本主义规划过渡；城市公共空间形态正经历着从理性空间形态向超空间形态的发展。

游戏空间与权力空间

● 游戏空间

游戏空间在城市中的表现：公共广场——城市作为公共舞台；公共街道——城市作为戏剧布景；公共生活——城市作为乐园；建设开发——城市作为博弈场。

"一个丧失了戏剧与对话感觉的城市，注定有其不幸的一幕"(刘易斯·芒福德)。而城市作为一个自组织系统，具有随机性和自我生长能力，这是人内心游戏性特质的表现(图 2-55)。

当代城市公共空间迪斯尼化，作为节日和活动大舞台的城市，更能激起人们的热情。

当代城市正在延续和深化这种游戏性，如积极促发一些非正式的城市活动：才艺的交流、小商品的交换、观点的交流等(图 2-56、图 2-57)。

图2-55 清明上河图

• **权力空间**

传统城市的权力空间已成为纪念性的场所，而空间渠化则是当代城市的权力空间。

有城市学家认为，当代城市中最大的权力是城市空间权力，这里提出的权力，是指功能分块、小范围的霸权，这具有明显的排它性，一个阶层占据了这片城市空间，导致其他社会阶层难以进入。

从宏观角度来说，权力对于城市是绝对的。在中观或微观的层面上，城市的社会属性要求其既需要政府规划，又需要市场定位。如发展一个片区，其功能定位必须依据城市规划，至于地块如何实现、开发计划如何制定，则需要政府、开发机构、社区居民的共同作用。在这一过程中，政府始终作为主导的力量。

城市设计领域内《雅典宪章》所倡导的功能理性仍然存在，这成为对现实城市空间社会的一种肢解力。这种功能理性把现实社会过分简单化，过分功能分解。

中国长期的计划经济模式，使得城市设计也打上计划经济的烙印；城市设计常常成为理想化、计划式、指令式、单向度的设计指导（图2-58）。

国内很多大城市标志性建筑泛滥——在这场标志性建筑建设热潮中，从国家大剧院到CCTV新总部大厦，从国家体育场到国家游

图2-56 城市中的游戏空间

图2-57 美国拉斯韦加斯弗雷蒙街

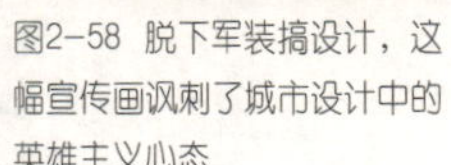
图2-58 脱下军装搞设计，这幅宣传画讽刺了城市设计中的英雄主义心态

图2-59 国家大剧院

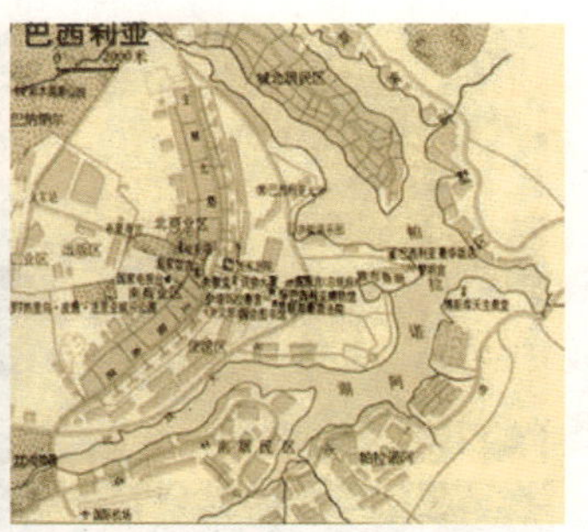

图2-60 巴西利亚规划

泳中心，建筑正成为一种时尚。

城市成为建筑单体表演的舞台，建筑成为个体利益的彰显，成为个人英雄主义的表演秀（图2-59）。当代中国城市建筑常常成为权力的符号和欲望的象征。

权力空间抑或游戏空间？

权力空间和游戏空间并非对立，它们存在相互转化和相互渗透的过程。

权力控制着规划的过程。规划本身有控制性特点，随着社会法制的健全，各项体制日益完善，对于城市空间来讲，各个空间的所有权将会越来越明确，权力的表现形式也会更加多元化。

空间的权力性特征不会弱化，但这种权力的表现会由“强权”走向“民主”。而民主的具体反映就是大众化。因而，游戏空间就会存在于权力空间之中。在我们把大空间划定之后，城市会出现更多的小空间，这是由个人意志所控制的内容范畴。城市公共空间的外在表现，则显得更加随意，更加人性化，更加富有生活气息。

仅仅用权力空间和游戏空间来分隔界定是不够的。权力空间是解读城市的一条脉络，而游戏空间这种非线性空间是我们品味、感受城市的主题。不断因借权力与游戏的博弈，可使城市变得更有生机！

- **转化**

权力空间→游戏空间

很多空间在刚开始的时候是以权力空间的面貌出现，随着时间的推移可能会转换成游戏空间，成为市民各阶层参与的一种公共空间。

20世纪50年代规划巴西利亚时，有着各种各样的评论，城市结构有如一架巨型飞机，机头、机翼、机身、机尾都非常之清晰。建成至今，这座城市在专业人士的评价中总是消极因素比较多。在近50年的建筑历史中，从实际考察得来的印象并非如此。能够看到，首先是它的结构，因为它的东南面有个很大的湖，湖的形态有如张开翅膀飞翔的燕子，然后分了四个支流切入这个城市。所谓飞机形态，是为了最大限度地利用湖的界面，把城市充分地纵向线性展开，像翅膀一样，使景观资源充分发挥。由于建设的发展，50多年的城市发展演变由一个骨架逐渐丰富填充，展示出这种骨架的魅力。

巴西利亚的成长过程，是权力空间与游戏空间，理性空间与感性空间交织和发育的

图2-61 长沙解放路的酒吧街

图2-62 图拉真广场

图2-63 中世纪广场中充满了现代生活气息

过程。经过几十年的发育，它的游戏性、生活性以及感性层面逐渐丰富，从最初的骨架上生长出它的肌体（图 2–60）。

游戏空间→权力空间

如果游戏空间已经演绎成为一种约定俗成的空间，也成为一种权力空间。比如拉斯韦加斯，它以游戏为肇始，最终以游戏为核心的功能成为它的城市特质，也就是说形成了游戏的权力性。

在长沙解放路的酒吧街，酒吧等各种娱乐场所开始是零散、自由的，然后慢慢地有规律地集结在一起，大家都会约定到那里去。零散发育出一种游戏状态，当这种状态比较连贯、集结时，便形成了酒吧一条街（图 2–61）。

还有一种城市，开始是一种无序的状态，但在其建设过程中由于有政府的权力规划控制，同样可以理性成长。

权力意志在当代城市建设中是必需的，开发商们在红线范围内各自为政，如果没有政府的公共干预，可能会导致城市被肢解，正是政府的强力干预才能把各种肢解、封闭的区块整合起来。

- **渗透**

翻看中外建筑史，我们会发现重要的建筑都是权力控制下的产物，比如古埃及金字塔、古希腊神庙、中国的古长城等，都是权力的产物，权力越集中，产生出的建筑越有纪念性。中世纪教堂至今仍散发出宗教权力控制的独特魅力（图 2–62）。

在中世纪充满宗教色彩的"权力"性广场，自然形成的露天咖啡座里人们悠然自得地随性休闲。这是一种充分放松、具有休闲味道、带有游戏色彩的空间（图 2–63）。

当今城市文化的多元化必然带来城市空间的多元化。游戏空间与权力空间的相互渗透与交融，是后城市空间发展的必然趋势。

当代城市状态下游戏空间 VS 权力空间的趋势为：游戏空间和权力空间的对峙趋向转化，从而消解两种空间带来的矛盾性；同时游戏空间和权力空间的对峙也将趋向渗透，这将顺应城市空间所固有的复杂性。

图片来源：

图2-52建筑师罗伯特·文丘里《建筑的复杂性与矛盾性》
网络下载http://www.bookmouse.cn/p11655.html
图2-53 图2-53-1达·芬奇的古典人、图2-53-2静态感、精神性、图2-53-3传统城市空间
网络下载http://news.sina.com.cn/photo/
图2-54图2-54-1霍金的现代人
网络下载http://news.sina.com.cn/photo/
图2-54-2混沌性与交混性网络化与高速化.霍金.果壳中的宇宙 吴忠超译.长沙：湖南科学技术出版社，2002.
图2-54-3当代城市空间
网络下载http://news.sina.com.cn/photo/
图2-55清明上河图
网络下载http://www.luxee.com/htmlNews/2005/12/4/1005745.html
图2-56城市中的游戏空间
哥本哈根街头娱乐表演 扬·盖尔.拉尔斯·吉姆松 公共空间·公共生活.王兵，戚军译·北京：中国建筑工业出版社，2003：59.
图2-57美国拉斯韦加斯弗雷蒙街
网络下载http://www.abbs.com.cn/bbs/
图2-58脱下军装搞设计，这幅宣传画讽刺了城市设计中的英雄主义心态
洪亮平.城市设计历程.北京：中国建筑工业出版社，2002.
图2-59国家大剧院
网络下载http://www.abbs.com.cn/bbs/
图2-60巴西利亚规划
网络下载http://www.abbs.com.cn/bbs/
图2-61长沙解放路的酒吧街
http://news.dj915.com/yechangxinwen/2873.html
图2-62图拉真广场
网络下载http://www.abbs.com.cn/bbs/
图2-63中世纪广场中充满了现代生活气息
网络下载http://www.abbs.com.cn/bbs/

是非空间

Yes-or-No Space

守持“横看成岭侧成峰”的移动视角

消费空间

Consumption Space

所谓消费空间，简单地说，就是容纳消费活动的场所，广义地说，所有产生公共性的商品或服务的营销活动空间都可算作消费空间。它与商业空间的区别在于：消费空间除了包含商业空间外还包含娱乐空间、休闲空间，消费空间的概念可以包含一切公共发生的消费行为的空间（图 3–1）。

随着经济发展，社会进入消费时代。过去的奢侈品由于生产效率的提高和技术的进步正不断升级而成为必需品，同时超前消费的生活方式和享乐主义的价值观在当代社会盛行；而电视、网络、广告等大众媒体的发展又为消费热潮提供了舆论引导。消费时代是一个使人充满欲望的，并不断鼓励和激发欲望的时代，它强调花销、满足欲望和追求享乐。因为只有不断消费，加快生产循环才能实现经济增长，实现个人价值。在消费时代，"不仅是购物活动里融入了各种事件成分，且各种事件最终也都融汇成了购物活动"，[1] 购物既是一种最重要的消费形式，也是消费的主要内容，购物生活正成为城市不可缺少的部分——购物环境已真正成了定义现代城市空间的重要元素（图 3–2）。

图3–2 在消费时代，"不仅是购物活动里融入了各种事件成分，且各种事件最终也都融汇成了购物活动"，购物既是一种最重要的消费形式，又是消费的主要内容，购物生活正成为城市不可缺少的部分——购物环境已真正成了定义现代城市空间的重要元素

图3–1 消费空间除了包含商业空间外还包含娱乐空间、休闲空间，消费空间的概念可以包含一切公共发生的消费行为的空间

消费空间是属于当代社会环境的一个类别，它由物质围合、分隔而成，装载着物质消费品并为消费活动使用。

随着当代城市经济的发展和物质匮乏的消除，都市产品的生产量已大于人们日常生活所需，为能继续发展，只有刺激消费的循

图3-3 库哈斯·购物生活系列图片
库哈斯用一系列等式展示了当代城市消费空间化图景

图3-4 迪拜购物机场
"购物可以证明是现存公共活动的唯一形式。通过一种日益加剧的掠夺的斗争，购物开始殖民甚至是取代都市生活的各个方面。……飞机场正广泛地从将旅客转化为顾客中获利。……"

环才能"制造"出更多需要，以维持产出和所需的平衡。消费成为一种集体性的和主体性的行为，随之而来的是对消费文化的认同，消费成为一种价值系统，消费主义的逻辑甚至已成为决定社会生活空间的逻辑。

城市空间的消费空间化

雷姆·库哈斯等将购物看作21世纪最普及的公共活动。购物活动已经渗透甚至重置了现代城市生活的方方面面，从市中心、主要街道、居住社区到飞机场、医院、学校、博物馆都有购物活动涉足。当代城市空间已经在迅速消费空间化。

"飞机场＝购物中心、教堂＝购物中心"

"政府＝购物、教育＝购物、博物馆＝购物　军事＝购物"

这些看似荒谬的等式直接呈现在人们面前，两种毫不相干的空间用等号直接相连，被库哈斯认为是同一性质的空间（图3-3）。

当代社会大量的数据及图片资料告诉我们这是一个客观的现象。为了获得更大的商业价值，购物中心总是不断地演进，人们在其中越来越舒适，久而久之，购物中心成为了一种具有特质的空间。现代购物中心，这种流行的、平淡无奇的但功能性很强的建筑属于大卫·哈维所说的"新都市空间"，他认为在1980年代和1990年代出现了都市发展的特征性场所，如郊区的超大市场（大卖场）、商业购物中心，这些场所和设施在都市生活中占据了新的显著位置，自动扶梯、空调、人工的采光、人工的自然、巨大的室内空间等都成为购物中心所特有的标志性工具。购物的内涵被进一步扩大而成为人们生活中一种公共空间的活动（图3-4）。

这些无所不在的消费空间必定影响着人们对城市的体验。只有通过研究消费的空间、人群、技术和理念，通过分析购物行为如何更新城市经济空间，才能解析当代城市。在

图3–5 今天“不管你是否同意，购物活动已经成为我们体验公共生活的仅存方式之一”

21 世纪的今天可以说没有作为解码的“购物”就很难真正读取城市。

今天“不管你是否同意，购物活动已经成为我们体验公共生活的仅存方式之一”（图 3–5）。[2] 购物行为是日常生活的基础，它被不断革新和重塑以保持对社会变化的敏捷回应。因为市场竞争使它时时受到“过时”的威胁，“购物”总是不得不用新科技使自身充满吸引力，这种购物行为的自主更新特征使消费空间表现出两种发展趋势：一是 Mall、百货店等商业建筑规模和功能越来越大而全；二是公共空间的重构：博物馆、机场、学校等公共机构由于政府不再提供经济支持，导致这些机构的商业化。这些倾向使购物活动越来越综合化，渐渐渗透入公共空间，消费空间已渗透在城市概念里，城市已很难与购物行为分开。

研究消费空间我们可以运用生态学的方法，因为购物者穿行在商店间寻找食物、衣着和玩具就像动物搜寻猎物，是一种有机的生命活动，是能展现旺盛生命力的生活行为。[3]

城市生活的消费生活形态化

库哈斯将人们的购物更多作为一种生活活动来理解。购物并不是仅仅为了获取商品，还可以是为了放松、散步等。

英国购物中心协会（BCSC）2001 年的一份调查报告表明，英国的劳动力中每 5 个就有 1 个在零售行业工作。[4] 人们已经认识到城市活力和吸引力对城市经济的发展有着重大的影响，而零售商业对此发挥着重要作用，现在许多西方城市开始设法复兴零售商业。人们发现，零售商业和娱乐设施形成的商业街这一类消费空间是城市空间结构中最有活力的地方，通常也成为都市旅游必到的地方。尤其是当零售商业的复兴和步行化建设相结合时，更能够起到相互促进以激发地区活力的作用（图 3–6）。

同样的趋势在中国近、当代发生着，集镇的生成，城市中心的形成，是人口向商业集聚的过程，商业的集聚过程就是城市的“市”化即城市化的过程。商业的集聚效应同时也是当前商业空间、商业地产发展的原动力。

体验消费成为商业消费活动中越来越重要的内容。传统的消费中把购物作为主要目的，逛街的目的是要完成购物的计划，而当代越来越多的消费行为不带有明确的购物目的（图 3–7）。逛街行为可能并未购物，但是仍然进行了消费，比如，在茶座、冷饮店、酒吧的消费；在网吧、影院、游乐园甚至主题公园的消费；参与抽奖、表演、杂耍的消费。这一类的体验消费虽不可能取代购物消费而

图 3–6 在这儿商业成为一种重要的城市生活形态。作为一种重要的城市生活形态，是城市化的必要条件，消费造就了城市化生活，塑造了新的当代城市文化

图3-7 体验消费成为商业消费活动中越来越重要的内容。传统的消费中把购物作为主要目的，逛街的目的是要完成购物的计划，而当代越来越多的消费行为不带有明确的购物目的

图3-8 要发展消费空间，首先要消除所谓文化精英对大众文化的排斥

成为主流，但其需求已推动娱乐、表演、餐饮类服务成为购物消费的重要补充形式。体验消费所带来的人气是购物消费的重要支撑。另外，体验消费设施的水平也往往标志着一座大型综合商业设施的整体水平与吸引力。

由于体验消费不断随时尚变化，商业设施形式也在不断更新，新型的综合商业几乎无一例外地结合了餐饮服务，大型的购物中庭结合促销及展示活动成为城市空间组织的新形式。甚至有些商业广场把城市的文化活动与集会功能也纳入进来。

另外，女性消费者在消费空间的发展历史中一直扮演着特殊角色，“随着女性在社会中地位的提高和购物活动越来越成为公众生活的主角，公共空间的组成直接、间接地受到女性消费者和购物活动的互动关系的影响。”[5]

当前，我们面临这样一个事实：中国历来有抑“商”的传统，重文轻商，虽然当代城市经济空间在迅速消费空间化，但由于长期的传统观念及计划经济的痕迹，我国消费空间的发展还远远不尽如人意，购物活动的存在价值没有得到应有的重视，忽视了购物作为现代城市发展潜在动力的作用；即使盲目地接受了购物活动，也没能深入地抓住它激发城市生活的内在逻辑。在执着于英雄主义追求的当代建筑精英和建筑教育家眼里，消费空间似乎总处于这些建筑界呼风唤雨的精英们的视野盲区，要发展消费空间，首先要消除所谓文化精英对大众文化的排斥（图3-8），才能让消费空间在城市空间中得到淋漓尽致的彰显。

消费空间，城市空间中最为活跃的部分，城市生活中的革新因子。对消费空间的建构不能仅仅停留在商业地产和标志建筑阶段，我们需要通过研究消费的空间、人群、技术和观念，分析我们的消费行为特征，以引导城市生活的消费生活形态化向有利于城市公共空间持续活力的形成方向发展。

消费生活塑造城市风格，同时也构筑市民生活。可以这么认为：当代城市空间形态呈现为一种消费生活形态。

注 释：

[1]夏南凯．城市开发导论．上海：同济大学出版社，2003．
[2]转引自荆哲璐.城市消费空间的生与死——《哈佛设计学院购物指南》评述.时代建筑，2005(2)：62．
[3]蒋原伦，史建.溢出的都市.广西：广西师范大学出版社，2004．
[4]荆哲璐.城市消费空间的生与死——《哈佛设计学院购物指南》评述.时代建筑，2005，(2);63.
[5]莫天伟，莫弘之.市·集.生活形态的形式——在商业空间的构建中恢复创造生活方式的能力．时代建筑，2005(2)：17

图片来源：

图3-1消费空间除了包含商业空间外，还包含娱乐空间、休闲空间——消费空间的概念可以包含一切公共发生的消费行为的空间
网络下载http://news.sina.com.cn/photo/
图3-2在消费时代，"不仅是购物活动里融入了各种事件成分，且各种事件最终也都融汇成了购物活动"，购物既是一种最重要的消费形式，又是消费的主要内容，购物生活正成为城市不可缺少的部分——购物环境已真正成了定义现代城市空间的重要元素
网络下载http://news.sina.com.cn/photo/
图3-3库哈斯·购物生活系列图片．
转引自：范诚.理解策略——以库哈斯的视角看当代城市的物质形态实践．2004(8).22．
图3-4迪拜购物机场"购物可以证明是现存公共活动的唯一形式。通过一种日益加剧的掠夺的斗争，购物开始殖民甚至是取代都市生活的各个方面。……飞机场正广泛地从将旅客转化为顾客中获利。……"
网络下载http://luxury.qq.com/a/20070719/000015_8.htm
图3-5今天"不管你是否同意，购物活动已经成为我们体验公共生活的仅存方式之一"
网络下载http://life.wg365.com/2007/2007-7-21/wg3652007721232715.shtml
图3-6在这儿商业成为一种重要的城市生活形态。作为一种重要的城市生活形态，是城市化的必要条件，消费造就了城市化生活，塑造了新的当代城市文化
网络下载http://news.sina.com.cn/photo/
图3-7体验消费成为商业消费活动中越来越重要的内容。传统的消费中把购物作为主要目的，逛街的目的是要完成购物的计划，而当代越来越多的消费行为不带有明确的购物目的
网络下载http://news.sina.com.cn/photo/
图3-8要发展消费空间，首先要消除所谓文化精英对大众文化的排斥
网络下载http://news.sina.com.cn/photo/

中介空间

Junction Space

对于城市形态来说，中介可解释为在城市形态中起联系作用的某些城市要素，这种联系作用体现在功能、视觉及结构等诸多方面。通过中介，风格各异、功能不同的建筑共同形成完整的群体，多元要素的相互作用和契合得以发生；把中介概念运用于城市空间组合构成中，就是通过建筑空间本身的变化、建筑与景观设计的配合来突破空间的限定，利用空间在相互交融中体现出的兼容性，使城市空间（如街道空间、室外庭院空间、公共广场）和建筑空间得以相互渗透（图3–9）。

图3–9 城市立体街道空间

图3–10 湖南省计划生育中心

图3–11 日本福冈银行本店

城市中介空间是位于城市中的建筑与道路、建筑与建筑、空间与空间之间的过渡空间、联系空间（图3–10）。它是城市总体结构中的一个环节，它既包括建筑、道路等物质要素，人群集聚与活动的空间要素，也包括小品、绿化等环境要素，同时还包括标识、符号等场所要素。

城市中介空间体现了城市中部分与整体并存、空间与时间连续的观点，是自然空间和人造建筑空间的过渡领域，体现了建筑系统和人类系统作用的相互性，强调了建筑系统中人的能动参与，具有兼容性、层次性、动态性和开放性等特征。

城市中介空间作为城市整体空间结构中的一种联系方式或联系体。其相互联系、交融和渗透可促进城市产生活力，促进城市活力的中介空间形态主要有：

建筑与城市过渡的灰空间

主要是指在建筑与周边车行道之间形成的以步行交通为主的街道空间或区域，通常由建筑出入口空间、建筑临界空间、街道过渡空间等构成。建筑空间与城市之间的这种过渡性灰空间，充满了复杂性和不定性，具有丰富的层次，表现出建筑空间与城市之间极大的丰富性和包容性。

灰空间和中间领域的概念由黑川纪章提出。黑川纪章的日本福冈银行本店，是灰空间理论的典型实例（图3–11）。该建筑在基地让出相当大的面积作为城市广场，创造了一个巨大的与城市共享的"侧缘"空间。

街道空间也可以起到建筑空间的过渡性灰空间作用。黑川纪章认为："与广场相比，街道没有容易划分的边界。街道是一个随着时间的推移而变化不定的区域，它与面对着的两边建筑物进行对话。有时街道也用作交通空间，其余的时间则是个人生活空间的发展。它具有多元性质和多元意义的空间存在。它是每幢住宅私密的室内空间和公共的室外空间相会的中间领域。"在这里，黑川纪章认为街道有时候也是一种中介空间。

在各种过渡性灰空间中，入口空间是建筑中最为活跃、最有魅力的空间部位。作为室内外空间的连接点与分界点，它控制着两种空间的转化，是形成空间序列性和节奏感的关键所在，体现着空间的流通性、渗透性和指向性。另外，像建筑的柱廊、骑楼也是典型的与城市过渡的灰空间，发挥柱廊尤其是骑楼对城市生活的激发作用十分必要（图3–12）。

建筑与城市互渗的空间

主要有四种形式：一是建筑中庭与城市轨道交通衔接形成的互渗空间（图3–13）；二是由建筑底层架空（或局部架空）所形成的与城市互渗的空间；三是通过天桥、下沉广场等形式与城市交通、建筑等相交融的空间（图3–14）；四是建筑主体空中庭院形成

图3–12 骑楼

图3–13 建筑中庭与城市轨道交通的衔接形成的互渗空间

图3–14 新德方斯门北侧与城市互渗的步道空间

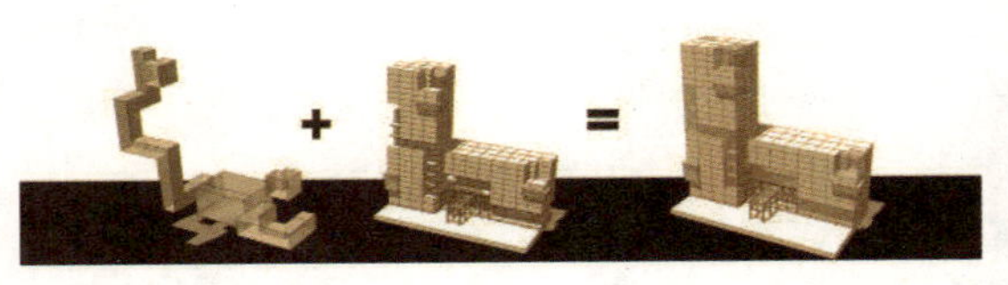

图3-15 株洲市产品质量检测中心·空间分析图
立体共享空间+模块化的办公空间=外观简洁内部空间丰富的办公楼

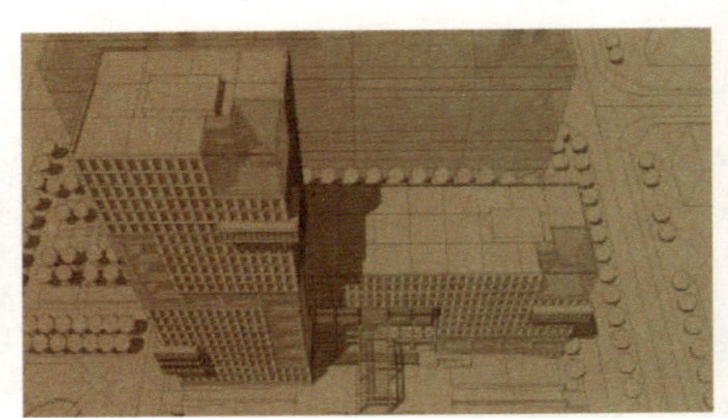

图3-16 株洲市产品质量检测中心·建筑鸟瞰图
垂直中庭自上而下，为建筑带来灵性的动感和丰富的层次

图3-17 株洲市产品质量检测中心·空中庭院图
空中庭院不仅丰富了建筑简洁大方的外部造型，同时也是建筑内部的中心空间，为内部人员的交流和休息提供了场所

图3-18 多层交通网络空间
通过多层交通网络空间衔接多栋建筑，形成不同于传统城市特征的中介形式

与城市的立体互渗。

当代城市中大量城市公共活动转移到室内——商场的中庭、图书馆的门厅、剧院的休息厅、博览建筑展厅，这些空间都成为具有城市意义的公共场所，建筑的内部空间与城市公共活动空间之间的界限越来越模糊（图 3-15 ~ 图 3-17）。特别是利用中庭直接与城市轨道交通衔接，形成中庭与城市生活的交融，使中庭具有了与城市互渗的中介空间作用。在美国费城中心区的设计中，采用了一条运动的轴线，一个地下一层、地上两层高的线形中庭成了不同建筑单体的结合体，也成为不同运动系统的结合体，在这里，城市尺度的中庭既是交通联系空间，又是交往空间。

建筑底层架空（或半架空）形成与城市互渗的空间。一些建筑把底层全部架空作为城市广场，其目的是要把地面空间还给公众。此外，架空广场还具有交通上的便利性。总之，架空广场是在保持土地经济价值的同时提供室外或半室外城市公共空间的一种能促进城市生机的方式。

在城市密集区，通过与建筑衔接的过街天桥等衔接手段以及通过建筑跨越道路或轨道干线，形成与城市公共空间互渗的中介空间，使城市增添生机与活力。

多层交通网络空间

当代城市已不再是平面化的道路网络。在城市重点地区，通过多层交通网络空间衔接多栋建筑，形成不同于传统城市特征的中介形式。

TEAM10很早就提出了以空中街道作为社会交往形式的设想，表明当代的城市形态已逐渐向多层网络形态发展。加拿大的蒙特利尔和多伦多市通过地铁车站沟通地下和空中步道等多种方式，使商业空间和城市公共空间通过多层交通网络紧密结合起来（图3–18）。

综上所述，中介的形态除了连接各种建筑之外，还应和城市现有空间有着良好的连续性，而建筑与城市过渡性灰空间、互渗空间以及多层交通网络空间都是为了产生城市空间的交融以形成城市生活的连续性，激发城市活力。

图片来源：

图3–9城市立体街道空间
网络下载http://news.sina.com.cn/photo/
图3–10湖南省计划生育中心
网络下载http://news.sina.com.cn/photo/
图3–11日本福冈银行本店
网络下载http://www.panoramio.com/photo/8159155
图3–12骑楼，大卫·路德林，尼古拉斯·福克.营造21世纪的家园——可持续式城市邻里社区.王健，单燕华）.北京 中国建筑工业出版社，2005.
图3–13建筑中庭与城市轨道交通的衔接形成的互渗空间
网络下载http://news.sina.com.cn/photo/
图3–14新德方斯门北侧与城市互渗的步道空间
韩冬青.冯金龙.城市·建筑一体化设计.南京：东南大学出版社，1999.
图3–15株洲市产品质量检测中心·空间分析图（设计：蒋涤非、李卫东、赖亦堆，图片绘制：赖亦堆）
图3–16株洲市产品质量检测中心·建筑鸟瞰图（设计：蒋涤非、李卫东、赖亦堆，图片绘制：赖亦堆）
图3–17株洲市产品质量检测中心·空中庭院图（设计：蒋涤非、李卫东、赖亦堆，图片绘制：赖亦堆）
图3–18多层交通网络空间
网络下载http://news.sina.com.cn/photo/

建构边缘——城市聚落再造

Verge Construction
Reconstruction of Urban Settlement

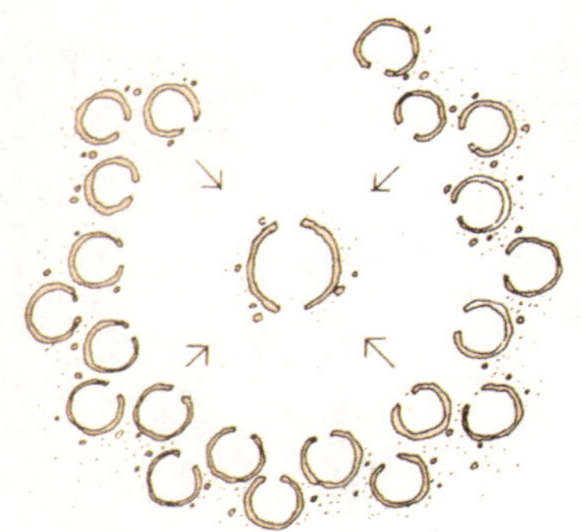

图3-19 西安半坡仰韶文化聚落遗址

聚落的消失——城市新区居住区边缘的“墙化”现象

当下中国，新城居住区建设深受封建内向意念的影响，“自我封闭中心”在新城中随处可见；同时，改革开放前以“大院”为主的单位居住形式影响至今，单位作为一种中国社会的传统行为和传统文化的积淀现象不可能一挥而去，它在居住社区这一层面上表现出其特有的生命力。当前新区的居住区建设，主要有两种模式，一种为房地产开发，一种为机关企业建房。两种模式都往往注重居住区内在功能的配套，机关企业建房更是将办公楼、配套服务用房、职工居住等一应俱全的纳入一个大院中；这些综合居住社区往往不注意与城市空间的关系，而只关注内在功能的满足，与周边城市环境常常用围墙加以分隔，或绕居住区用地以实体建筑裙房即另一种“实墙”的形式来分离内与外，这种居住区边缘“墙”化的倾向以及由此导致的城市公共空间失落的问题，是我们当前新城区居住区建设所面临的主要问题。

日本著名建筑师原广司认为“所有的城市与聚落都是住居的延伸，住居的集合就是城市，就是聚落。”[1]因此要解决新城区居住区建设所面临的主要问题，我们有必要重温聚落的特质，回到居住的起点，去寻找解决之道。

聚落是人类最初的生存空间形式，它的形成是人类追求最适合生存环境的结果，其间消耗了人类大量的能量，虽然经过几千年的发展和演化，其形式已发生了巨大的变化，但是其对边缘强调的特征在今天却仍存在着积极的借鉴意义（图3-19）。

聚落的重要特性——边缘效应

了解一种生命现象必须将其作为一个既在其间又是其本身的整体去认识，也就是说，要体现出完整主义，并且要把它与其所嵌入更大的系统联系起来加以认识。

由于城市、居住区、建筑都是以一种大量输入输出的能量、物质和信息系统的状态存在的，所以这一整体和联系的观点对于我们认识城市、居住区、建筑三者的关系同样适用。对于居住区与城市而言，城市是整体，而居住区是部分，作为子系统的居住区要与作为母系统的城市发生关系就必然具有城市属性。

根据生态学原理："由于交错区生境条件的特殊性、异质性和不稳定性，使得毗邻群落的生物可能聚集在这一交错区域中，不但增大了交错区中物种的多样性和种群密度，而且增大了某些生物物种的活力和生产力，这一现象称为边缘效应。"

各系统间的这种能量、物质和信息关联都是通过它们之间的边缘产生的，因而对各系统间边缘的关注就是对各系统整体性与联系性的关注。这一现象也同样发生在建筑与居住区以及建筑与城市的关系上，作为更小子系统的建筑要与作为母系统的居住区与城市发生关系就必然同时具有居住区属性和城市属性。同样这种关联也是通过边缘产生的(图 3–20)。

形式的双向围合性

从存在的位置看，居住区的边缘既是其自身的边缘，又是城市空间的边缘。因此，为了围合居住区的中心，同时又能限定积极的城市空间，边缘的形式必然表现为双向的围合性。

形式的双向展示性

信息时代，展示信息本身就是建筑的内容。居住区边缘的建筑作为联系与分隔居住区与城市的存在，必然要在形式上表现为双向展示性。"人在空间中活动，却在界面上徘徊。需要庇护所的躯壳防护，也需要庇护所外的大千世界，渴望外界证实自己的存在。"[2]作为边缘的建筑既是一处面向城市街道展开的"舞台"（建筑的实墙、门窗及平台上的绿化也就成为舞台上的真实布景），同时又是一处面向居住区的"生活舞台"，这里在平常正是居住区里的居民集中活动的场所，在平台上来来往往的居民都是舞台上的主角，在这里共同演绎一出出活生生的"舞台剧"，并将发生的"故事"展示给外面的过往行人。

功能的双向服务性

"中国古代生存环境的理想状态是由'墙'构成的全封闭空间，但现实状态则是大半封闭的，这主要是由于地理环境以及人的行为等综合因素造成的"。[3]可见边缘从一开始就因为使用的影响（例如：交通、商业和防御的要求）而表现出对内对外功能的复合性。居住区的边缘是城市系统与居住区系统进行大量的能量、物质和信息输入输出的场所，要保证两者交流顺利进行，边缘就应该具有两者共同的功能，因此通过将居住区主要的配套公建（商场、幼儿园、托儿所、卫生站、文化体育活动中心、银行、邮局及小区管理等）集中于作为边缘的建筑，就可以使其功能既服务于居住区又服务于城市，这就是功能的双向服务性。

尺度的双层性

与居住区边缘的复合性相对应，其尺度也应表现为双层性，既具有与城市相对应的城市尺度，又具有与内部居住相适应的生活尺度。现代城市空间是由两套尺度空间所组成：一是与汽车相对应的城市尺度；二是与

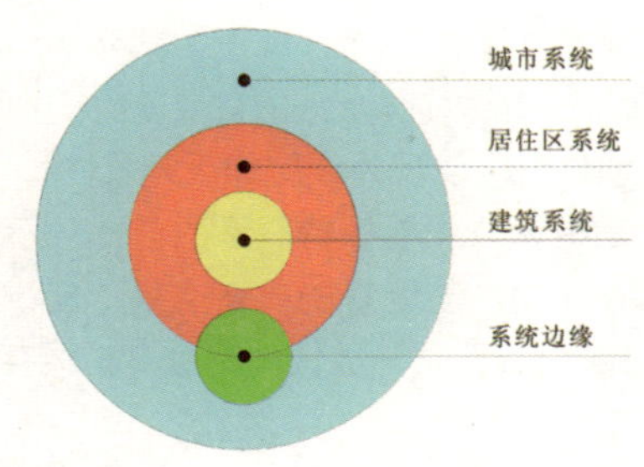

图3–20 边缘效应原理

步行相对应的人性尺度。前者是为了适应在城市道路中快速运动的车中人对城市认知、定向的需要，后者则是为了适应在城市公共空间中人们相互交往对城市空间的需要。如果我们在居住区边缘中仅仅强调城市尺度塑造城市街道空间，就会导致城市空间单调乏味，没有人情味。因此，居住聚落边缘应该包含城市与人性双层尺度，它应该既明确醒目，又使走起来有趣，看上去愉悦，可以触摸，可行可驻，具有友善的人性化尺度和细部。

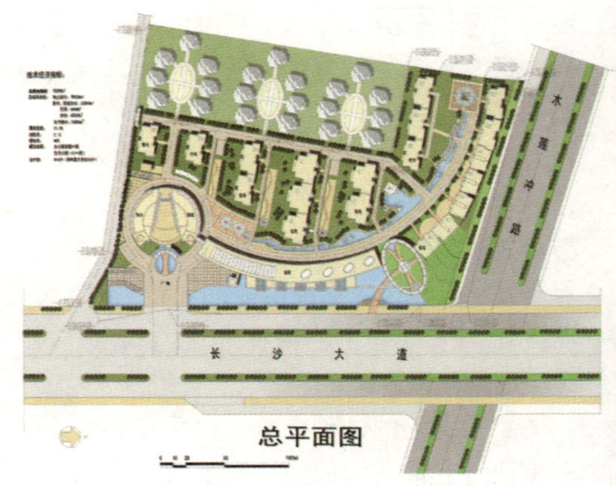

图3-21 长沙HC新城社区总平面

界面的“膜”效应

界面是边缘概念的一种形象化表达，是指不同空间质地交接的面。界面存在的首要意义是为了保持其两边空间质地的差异。

界面的膜效应（Membranate Effect）亦可称选择透过性（Permselectivity），即滤过作用。

选择透过作用在自然界中普遍存在，它是细胞的外界面——细胞膜的基本性质，也就是说，选择透过性是一切生命都包含的固有属性。细胞以细胞膜为界把原生的生命物质与混沌一片的无机自然环境划分开来，从而形成了与外界自然相对的生命内环境，开启了一个生生不息的新世界。然而细胞膜并不是一堵不可穿透的铜墙铁壁，它是具有选择性及可渗性的活性膜，通过与外界的物质及能量交换，它把生命机体与外界环境统一起来了。细胞膜的“阻隔性”表现为细胞的“封闭性”，无“封闭性”就不足以成“体”，因此“封闭性”是生命体形成的首要前提。细胞膜的“可渗透性”表现为细胞的“开放性”，“开放性”是机体与外界保持联系的前提，不开放就不存在物质与能量的代谢交换，就不足以“成活”，因此“开放性”是生命机体存在的必要条件。

同理，居住区的边缘在维护居住区的相对独立性，同时又在保证居住区与外界正常的物质和能量交换方面担负着与细胞膜类似的功能，选择透过性也是居住区的边缘的基本属性。因此居住区的边缘是作为一张对城市具有选择透过性的“膜”而存在的，它既要有“封闭性”同时还应具有“开放性”，与城市空间既是相互限定的又是相互渗透的。

边缘的活力效应

心理学家德克·德·琼治（Derk de Joge）指出：森林、海滩、树丛、林中空地等的边缘都是人们喜爱逗留的区域，而开敞的旷野和滩涂则无人光顾，除非边缘区已人满为患。城市空间居住区的边缘中同样存在这种现象。受欢迎的逗留区域一般是沿建筑立面的地区和一个空间与另一个空间的过渡区。边缘区域之所以受到青睐，显然是因为处于空间的边缘为观察空间提供了最佳条件。另外，处于森林边缘或背靠建筑物的立面有助于个人或团体与他人保持距离，这样，既可以看清一切，自已又暴露得不多。边缘作为逗留的场所在实际上和心理上都有许多显而易见的优点。通常，人们的活动总是从内部和朝向公共空间中心的边界发展起来的。克里斯托弗·亚历山大（Christopher Alexander）在他的

《建筑模式语言》一书中，总结了边缘效应和边界区域的经验："如果边缘不复存在，那么空间就决不会富有生气。"

对"中心"的维护性

世界上任何系统都有核心的部分、中枢的部分、最浓缩最集中表达的部分。任何系统都是由许多局部组成的一个整体，而这个整体总有其"中心"，即"核心"。人的组织社会也有其核心成员，没有中心的组织或结构将是离散的、不确定的。对于城市、居住区和建筑而言，中心是某种社会内聚力在物质空间上的体现。围绕一个中心空间组织建筑群，也许是人类最早存在的布局形式，深刻而直接地反映着一种社会向心的意念和作为群居的人类一种原发的心理要求。

正如有细胞膜和细胞核才能构成细胞一样，城市聚落是组成城市的一个个细胞。如果说边缘对应细胞膜，居住区中心则可比拟为细胞核。没有边缘的维护和整合能力，就不存在"中心"，"中心"因"边缘"而存在；有"边缘"的强化，"中心"自然会突显出来。

聚落边缘的建构——湖南长沙HC新城社区规划设计

湖南长沙HC新城社区是一个集高级办公、居住功能为一体的综合性社区。建设的基地位于长沙市向南发展的城市新区，紧邻新建成的长沙大道与木莲冲路交叉口处，作为未来长沙市新的行政中心组成部分，是未来长沙城市形象的集中展示场所（图3–21）。基地的特殊区位，使该社区不仅担负着对内创造景观优美、生态良好的居住环境的任务，同时还应对城市公共空间进行积极的塑造。

- 根据边缘功能的双向服务性原则，我们通过将小区主要的配套公建（商场、幼儿园、托儿所、卫生站、文化体育活动中心、银行、邮局及小区管理等）集中于一栋建筑（会所）内并沿长沙大道外置的手法，使住区会所具有了围合城市空间的尺度和位置。

- 根据边缘形式的双向围合性和展示性原则，我们又对会所的体量进行了复合化处理，使单一的体量分解为一条沿住区内部道路展开的弧形体量和一条沿住区外部长沙大道展开的直线体量，两者结合在一起和沿街的弧形住宅分别限定了内部居住空间和外部城市街道空间，使住区内外都具有了鲜明的领域感和场所感（图3–22）。

- 根据边缘尺度的双层性原则，我们在边缘会所的体型组合上，用5层高的弧形体量，以及整体连续的飘板，取得与大城市尺度的对应；而用3层高的矩形体量，以及细密的遮阳格栅、微妙的凹凸肌理，使会所又具有了人性的尺度（图3–23）。

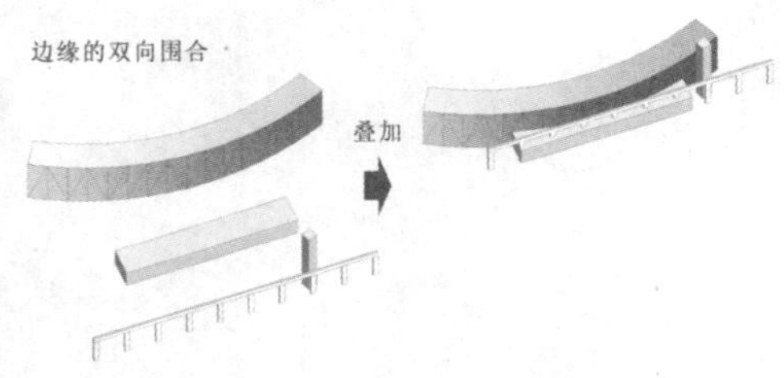

图3–22 边缘的双向围合性

图3–23 会所——边缘建筑

图3-24 从各个侧面看HC新城——一个积极的城市聚落空间

● 根据界面的“膜”效应，会所与城市空间是相互限定又相互渗透的，既具“封闭性”又有“开放性”，居住区的边缘应该具有选择透过性。为此，我们在界面上开出了两个大的视线和“呼吸”通道：一个为整个小区的主出入口，一个为小区的景观休闲次出入口。同时弧形体量的界面材料选用了透明的中空节能玻璃，以尽可能加大界面的渗透性。

● 对中心的维护性：通过弧线形的会所围合出小区中心的领域感，与住宅间的院落庭园以及住宅底层架空形成的室内庭园一起形成了一个由公共空间、半公共半私密性空间及私密性空间构成的内部空间体系（图3-24）。

注　释：

[1] 原广司，世界聚落的教示，于天祎等译.北京：中国建筑工业出版社，2003：18.
[2]费箐.媒体时代的建筑与艺术.中国建筑工业出版社，1999.
[3]朱文一.中国古代建筑的一种译码.建筑学报，1994(6)：12.

图片来源：

图3-19西安半坡仰韶文化的聚落遗址
网络下载http://news.sina.com.cn/photo/
图3-20边缘效应原理(绘制：朱勇)
图3-21长沙HC新城社区总平面(设计：蒋涤非、朱勇等)
图3-22边缘的双向围合性(绘制：朱勇)
图3-23会所——边缘建筑(设计：蒋涤非、朱勇等)
图3-24从各个侧面看HC新城——一个积极的城市聚落空间(设计：蒋涤非、朱勇等 摄影：蒋烨)

布景城

Set City

图3-25 城市大幅布景

布景化的城市空间往往是匆忙的、临时的、外来的、拼凑的、不真实的，它建构虚假立面、超尺度的体量、戏剧化的空间渲染，布景化的场景使城市戴上犹如化装舞会的面具，隐藏了其真实的内容。这是一种缺乏自身思想基础的城市空间(图3-25)。

“我不懂外文，但我爱看外文杂志。”一位杂志社的美编这样解释读图时代的另类阅读。对“图像(image)”的痴迷使人们不再耐烦文字的阅读，而倾向于选择更直观、明了的图像媒介，从而也导致了对深度的摒弃。城市空间乃至建筑立面都被化为一种二维层面上的图像，人们关心的是包裹着物体六个面的图像，而非物体的实质内容。现代主义对语言的关注及总体性的把握在后现代文化中让位于视觉文化：“现代主义本身基本上说还是依赖于意识形态的、政治的和文学的话语。在后现代主义中，文学迅速地游移到后台，而中心舞台则被视觉文化的靓丽光辉所普照……后现代主义最突出的特点是从视觉出发。”

面对众多信息图景，我们与那些事件“本身”之间云遮雾绕，渐渐地也失去了自己“本身”。我们把握的信息，是传媒包装后的二道信息；我们看到的画面，是摄像机切换处理后的画面；我们倍受催动的泪水，是电影、电视中炮制的“二手感情”；我们的知识往往是被建构和想像出来的。这个时

图3-26 读图时代的信息图景

图3-27 形式的自主性趋势加剧了建筑与日常生活经验的疏离

图3-28 舍雅特一代广告公司总部，盖里+奥尔登堡设计

图3-29 仿真式广告以独特的形象、夸张的尺度吸引人们的注意

代喜好追星，是因为明星在替我们表演和发泄感情，在替我们“有”感情。我们失去了感受力，失去了自己真实可感的生活(图3-26)。

随着逻辑学、语言学、符号学等理论模式不断引入建筑学，到了20世纪80年代，结构主义和其派生的思潮迅速取代了各建筑院校中的其他理论学派；进行文本分析的技巧在纯粹的形式层面上展开，这种思维模式和教学模式的流传，使20世纪90年代起形式问题几乎占据了建筑话语的中心。这不仅消解了建筑的社会和政治野心，而且建筑作品的文本式阅读以及形式的自主性趋势加剧了建筑与日常生活经验的疏离(图3-27)，使得建筑逐渐演变成一种纯粹的形式游戏(图3-28)。

我们面对的社会实质上是一个传媒塑造中的社会，这个传媒社会具有仿真、拟真的本性，我们把它的所叙之事当作了“社会”本身。每天将我们与熟人及陌生人联系在一起的是传媒。传媒叙事不仅构筑了环绕着我们的“事实”，而且还影响和塑造着我们行为和思考的方式。

鲍德里亚对消费文化及其后现代生活体验进行了分析。他认为消费文化产生了过量的影像与符号，从而产生了一个仿真的世界。在这个仿真世界中，实在与意象之间的差异被消解，变成了极为表层的审美幻觉，城市不可避免地成为这种仿真的对象。我们必须认识到，这种通过再现的文本所建立起来的想象的真实性值得怀疑：人们对于城市真实的把握，在一种集体无意识的层面被自身的价值取向所重构。城市的真实被变形和重塑了。

仿真式广告以独特的形象、夸张的尺度吸引人们的注意，常出现在城市中心区建筑中，采用这种将建筑和广告相结合的方式(或称建筑的广告化)往往能取得出奇制胜的效果，但恰恰是这类广告造成的视觉污染最为强烈，它往往漠视环境、尺度巨大，我们经常看到：一幢立面朴素的建筑，在广告的包裹中，从风格、尺度到材质都完全被异化(图3-29)。

谈到中国城市的玻璃幕墙和户外广告。库哈斯写道：建筑间的竞争利用了玻璃幕墙所允许的最大变化。幕墙在中国不再与简单、精确、整洁相关联，而是联想到一种将其空间呈现为更大的、以画境来安排事物的

图3-30 城市中心区往往沦为经销商、开发商、广告商们的拼图游戏场

新巴洛克美学。

户外广告和灯光工程等为特征的美化技术仍在中国大小城市流行。一些城市繁华区上至建筑顶部天际线，下至路牌、路灯，全部由广告占据，城市中心区往往沦为经销商、开发商、广告商们的拼图游戏场（图3-30）。在“求洋、求新、求变”等浮躁心理的策动下，“一年一个样、三年大变样”的要求，以广告、玻璃幕墙来完成，也许在某些城市管理者眼里正是“多快好省”的捷径。由此，广告牌处在比大、比高、比多、比谁更抢眼的恶性膨胀中。被曲解的“注意力经济”在取代城市文明形象，布景的广告在醒目的位置上霸占着人们的视觉空间。这一方面是受管理者的审美观所限；而另一方面，由于利益的诱惑，城市的广告管理往往被众多的部门所分割，不同部门管辖的广告牌又往往有不同的形式风格。

布景化的城市空间往往是盲目的模仿与无原则的拼贴。它与庸俗的商业化紧密结合在一起，往往只注意形象方面的建设，不去深入理解城市立面背后的内容，只注重粉饰脸面，而忽视功能内容的支撑。布景化的城市空间在逐渐瓦解着现代城市生活，侵蚀着城市文化，使得城市空间从对经济发展和日常生活的关注，变成只是对享受、对时尚的片面追逐，从而使城市失去真实可感性而只热衷于对表面视觉化的浮华追求。

图片来源：

图3-25城市大幅布景
网络下载http://news.sina.com.cn/photo/
图3-26读图时代的信息图景
李姝.波普建筑.天津:天津大学出版社,2004.
图3-27形式的自主性趋势加剧了建筑与日常生活经验的疏离
网络下载http://www.abbs.com.cn/
图3-28舍雅特一代广告公司总部，盖里+奥尔登堡设计
Richard C.levene， Fernundo Marquez Cecilia. Frank Gehry 1991-1995.
薛浩东，庄能发译.台北：圣文书局，1997：107.
图3-29仿真式广告以独特的形象，夸张的尺度吸引人们的注意
网络下载http://news.sina.com.cn/photo/
图3-30城市中心区往往沦为经销商、开发商、广告商们的拼图游戏场。
刘伊宏，王若梅.世界建筑，1998(5)：60-62.

碎片城

Fragment City

图3-31 中国·武汉
城市在庆典与混乱之中快速地建造

图3-32 中国·株洲
在社会变化速度加快，城市自身形态调整来不及适应的情况下，不均衡发展所带来的城市碎片问题尤其严重

现代化的巨大漩涡改变了中国城市的现状并且创造了新的城市物质空间。当代中国城市设计并没有提供足够的术语来讨论在它的领域内发生的相关现象，中国城市陷入了理论批评与运作的僵局，整个城市在庆典与混乱之中快速地建造（图 3–31）。各个城市都主张要“跳跃式”地进入全球经济。在这一城市发展过程中，必然会出现种种不平衡的现象，带来一些城市空间的碎片。尤其是在社会变化速度加快，城市自身形态调整来不及适应的情况下，不均衡发展所带来的城市碎片问题尤其严重（图 3–32）。现代主义城市理论试图通过功能分区的方法消除城市构成要素之间的不平衡达到城市更新的目的，但是这种简单的方式忽视了城市构成要素之间的内在关联性和各层次的内在复杂性和多样性，反而加剧了碎片的产生。

谈到中国及亚洲城市，库哈斯在“大跃进”(Great leep toward) 中写道：“多即是多，在 PRD（珠江三角洲）：每年建设 500 平方公里的城市，同一座建筑使用 12 种不同的幕墙体系；每 4 个街区中有 10 座旋转餐厅；414 个高尔夫球洞已开放，还有 720 个在建设中；一间 15 平方米的客厅用了 5 种照明体系。这种高速度低报酬必然导致低质化的设计和粗制滥造的建设项目。”

城市的快速发展意味着文化的变革与观念的更替，在人们追逐利润的状况下，建筑失去了持久的意义，往往成为了商业广告，以适应瞬间即逝的现实社会。开发商从经济利益出发，在形式方面只考虑个体如何出奇

图3-33 中国·长沙
在城区道路的改扩建过程中，因房屋拆迁、建筑退让等，造成道路两厢建筑呈明显的“断裂”现象，这是外科手术后的“伤口”

制胜，而忽视城市环境整体协同关系。

片断化的城市空间是指城市空间各自为政、不成体系的现象。片断化会使得城市整体支离破碎，缺乏连贯性，由于每个建筑开发商很难顾及城市整体的结构布局，因此这也可以说是当代城市空间布局中的一种通病。

当前中国城市建设中出现的片断现象在很大程度上是由于商业化的加剧，另一方面也是因为国际化的加剧、伦理价值的碰撞加剧，建筑出现各具特色的样式和风格。而政府决策部门政策的不连贯性也是造成城市形态和风格的不连贯性以及城市空间片断化的重要原因。城市空间片断化造成城市成为各种具有断裂感空间与形态风格的组合，人们难以读懂其所在的城市，其体验都是片断的，失去了共同的交往体验基础（图3-33）。人们更加对交往丧失信心，于是陌生人越来越多，因而人们对自己所居住的城市也就变得越来越陌生。

图片来源：

图3-31中国·武汉
网络下载http://hi.baidu.com/daditongle/album/item/710e66f8d5c8187d242df26d.html
图3-32中国·株洲
作者自摄
图3-33中国·长沙
作者自摄

速度城

Speedy City

图3-34 速度城

图3-35 城市空间的泛视觉化

我们已经达到一种强大的文明形式。但是，由于这部机器过度强大，根本已经无法控制它的运作。权力之流(*flows of power*)现在正在被流动的权力(*power of flows*)所取代。

——曼纽·柯司特

随着人在城市中移动速度的提高，人与城市空间互动关系的缺乏成为当代城市的主要问题之一，人与城市空间以及其他人群直接关联与接触的缺乏已经从整体上导致了城市街道、公共活动中心、公共建筑和其他一些交通空间变成了一种仅供视觉参与的对象，这种城市空间的泛视觉化倾向在当代城市中不断扩展(图3-35)。与现代城市生活密切相关的速度以及因此而导致的厌恶城市高节奏和高密度的逃避倾向加大了人们之间的隔阂与分离。人的这种与城市和社会的不断疏离，导致了群体生活能力的逐渐丧失。城市并不是静止不动、纯物质的聚合体，它是人的生活与体验的具体空间和场所。正是人与城市空间和场所的互动，才使城市具体可感和具有意义，并借此产生对外在世界的感

图3-36 某百货商场前的免费停车场停满车辆

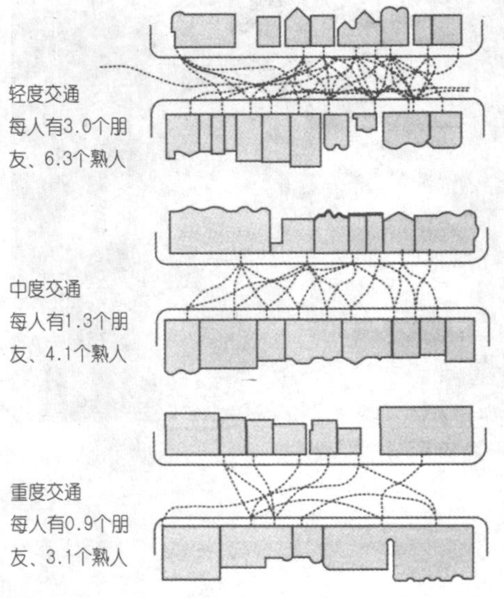

图3-37 要朋友还是要交通
旧金山的一个研究证明：交通是产生城市市民隔阂的主要原因

受。随着移动速度的改变以及空间的重新整合，人们更多的是坐在车里用眼观看，而无须调动身体去与环境互动，也没有与行人身体的接触，视觉就成为人们获得信息的主要器官，其他感官体验则被钝化和退化。

由于汽车的发展，机动车道路成为城市空间的主角。城市交通并不只是像以往一样在既定的空间框架中起到联系不同功能分区的作用，它对城市空间布局结构的作用也越来越明显(图3-36)。

小汽车在建构城市社会整体结构方面起着越来越关键的作用。正如电梯使摩天大楼成为可能，小汽车使市民可以居住在远离市中心的地方；也正是小汽车把日常活动分割成局部构成要素，使办公楼、商店和居住分隔开来成为可行。因而，小汽车往往成为当代公共空间质量的破坏者。曾经是地方游戏场所和大众交往场所的街道，被用作停车场。连街道的边角以及公共空间的形状和地面材料都主要考虑开车人的需要。机动交通和停车场蚕食街道和广场，城市公共生活空间受到侵蚀。

旧金山进行了一项对不同邻里中街道的比较研究，以评价道路交通对于地方社区感的影响，对不同邻里中的繁忙和宁静的街道中人们交往活动进行监测。资料揭示出在特定街道中邻居之间的社会交往水平以及街道社区感与通过街道的交通量成反比。[1]这一研究表明：汽车交通是城市居民被隔离的根本原因，是现代市民权被抹煞的根源(图3-37)。

由于建筑和城市设计的现代主义运动支持者总把交通运输的功能性需要提到一个相当高度，导致了对街道的忽视。勒·柯布西耶是一个主要责任者：“我们的街道不再起作用，街道是一个过时的观念，不应该存在街道这种东西，我们应创造一些新东西来代替街道。”城市作为功能性产物的概念剥夺了街道的地位和意义，使城市街道毫无理由地存在。在现代城市规划中，公园、住宅区，工业区等在地域上往往被截然分开，其间由车行道路连接。此种道路目的非常明确，去住宅区，去公园游玩，或从工厂回家，起解决交通的作用。对这种道路最重要的当然是汽车的流动效率，因此在那里不会产生充满情趣的生活。

城市传统走向式微，历史上第一次步行交通被抛弃或受到限制，传统上与步行交通紧密联系的许多其他公共空间的活动在逐渐消失，公共空间中的公共生活在隐退。城市已不是主要为步行者设计，多数城市功能都已演变为驾车者专用，车行交通空间正成为城市生活的主导。

由于汽车取代了人行交通，各种商业设施与住宅区之间的距离都是根据驾车往返的时间来设计，这种行为方式导致了步行这种伴随人类从古至今生命中最为重要的行为从人的生活方式中被逐渐弱化。其结果就是在商业区内，传统的沿街店面建筑在渐渐消失，取而代之的是远离道路的常常设有橱窗的购物中心，路与商店之间是大片的停车场。另外，这种变化对传统设计思想带来了冲击。传统的建筑立面设计是静态的，讲究均衡、韵律等静态的古典概念，因为传统街道狭窄，人的视觉及直接接触范围往往只是建筑的底部或底层，注重细部处理，因而街面层形象十分丰富。随着汽车取代了人行交通，在行驶的汽车内人对建筑的把握更重在整体的三维体积以及建筑物的大关系，这样细部便成了多余的东西(图3-38)。在现代城市里，由于汽车所带来的快节奏，人们记得的城市形象是那些最像符号的形象：简单、轮廓分明而反复出现的东西(图3-39)。画家安迪·沃霍尔从中吸取的就是“重复”，他

图3-38　摩天楼群
城市建筑往往成为缺乏细部的庞然大物

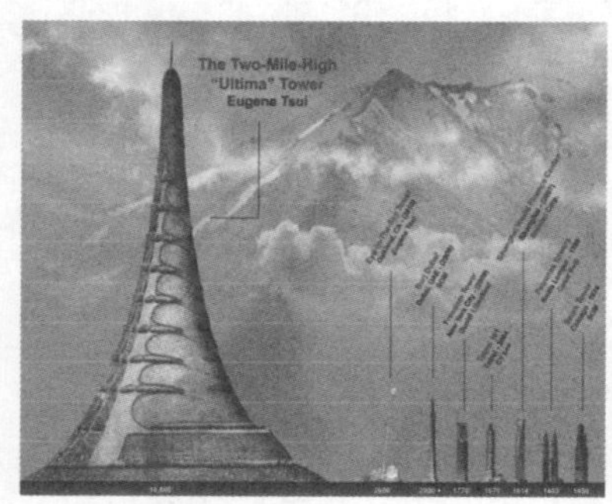

图3-39 旧金山终极塔楼
美籍华裔建筑师、城市和区域规划师崔悦君设计的终极塔楼高(Ultima Tower)2英里，有一个直径6000英尺(约合1830米)的基座，覆盖总共53平方英里的空间，有500层楼那么高，从远处望去，就像一个巨大的圆锥体

喜爱大批量产品特有的一律性，数不清的相同物品——如他的画中用绢网反复印出的玛丽莲·梦露的同一幅头像。这种重复所形成的肌理，就是城市元素缺省细部，只重视整体印象的一种表达方式。

在汽车城市中，标志物和告示牌都必须巨大而醒目才能看清。汽车城市有与步行城市不同的规模与尺度，因为无法去观赏细节，于是各种城市要素往往成为缺少细部处理的庞然大物。

注 释：

[1]阿莱斯·艾尔雅维茨.图像时代.胡菊兰，张云鹏译.长春：吉林人民出版社，2003：2.

图片来源：

图3-34速度城
网络下载http://news.sina.com.cn/photo/
图3-35城市空间的泛视觉化
网络下载http://news.sina.com.cn/photo/
图3-36某百货商场前的免费停车场停满车辆
网络下载http://news.xinhuanet.com/local/2009-01/01/content_10590046.htm
图3-37要朋友还是要交通？理查德·罗杰斯.菲利普·吉姆齐德简.小小地球上的城市·仲德崑译.北京：中国建筑工业出版社，2004.
图3-38摩天楼群
网络下载http://www.abbs.com.cn/
图3-39旧金山终极塔楼
网络下载http://www.xooob.com/370332.html#bak

双尺度城市
——现代城市空间形态思考
Double-scale City

图3-40汽车城市中的建筑物
现代城市空间被“大”所控制

应从“尺度”向度而不是“风格形式”向度来思考现代城市空间形态，营造“双尺度城市”：在大的车尺度中融入小的人尺度，这种双尺度城市营造方式是实质性地解决现代城市空间形态问题的重要途径。

城市空间形态一直是众所关注的话题。中国几十年的城市建设总沉迷于“形式”，“形式”主义在中国似乎有深厚的流传基因：造作的“建构”、虚假的“表皮”继后现代、解构之后，又开始在中国成为时尚与流行。如果说20世纪90年代初北京城用亭子“夺回古都风貌”的努力是试图从形式入手“继承与发展”传统城市空间形态，那么当下的这股建构风、表皮热是对现代城市空间形态在形式上的新探索。面对走马灯般演练的风格形式变幻，笔者认为：风格形式对于城市而言只是形成城市格局众多因子中的一个结果而已，是表面化、视觉化的特性，不会对城市市民生活、城市发展产生真正实质性的影响，是“末”而不是“本”。从“尺度”出发思考城市空间形态则切中本源。

城市是人的聚集地，“人”是城市设计之本，对“人”尺度的思考是最本源的思考；而现代城市空间，由于人而衍生出另一物——“车”，则远别于人与马车时代，车用的是机器动力，车将人带入一个全新的速度时代，城市因车而变“大”、变“快”，车带来一种与之相对应的“大”尺度。这就给现代城市带来了新特征、新问题，要实质性地解决当代城市所面临的问题，我们首先有必要对现代城市的空间形态特征作一些分析，然后提出有针对性的策略。

现代城市空间形态重要特征——“大”(Bigness)

现代城市空间，携着物质的满足、高效的节奏与征服的快乐，在一路高歌。库哈斯由此发出的“大”(Bigness)的宣言：“‘大是终极建筑’”，只有通过“大”，“建筑才可能将其自身从筋疲力尽的现代主义与形式主义

图3-41 阿姆斯特丹滨水终点站
一个集火车、公共汽车、轮船于一体的滨水交通枢纽，显示出鲜明的亲水性，人们在巨大的透明等候大厅中可以领略运河风情，显示出一种人性化的城市机动性

的艺术意识形态运动中体现出来，恢复其作为现代化推进器的作用。"[1]

库哈斯认为"大"是独立于建筑物意志以外的一种意识过程。他将"大"的作用总结如下：大型建筑物各部分相互独立又不相互隔绝；形式与功能、计划与现实以及内部与外部之间的分离使建筑丧失了逻辑性。由于大型建筑的扩张，它们具备了一种超道德的紧密结合的特性。所有这一切都意味着大型建筑与尺度、建筑结构、传统、透明度以及风格是分离的，这也最终导致了最根本性的分离："'大'不再是任何一个城市组织的构成成分……"

在一片杂乱又分散的景观中，"大"的魅力在于它有潜力去重建整体，再现真实。

仅仅有巨大空间的建筑往往是平凡和缺乏想像的象征——所有的目的都消失，所有的风格都去掉，所有的解决方案都变得遥不可及，重要的只有：尺度！超大型的尺度能创造出雄伟的效果。这种新的超大建筑综合体是一种机器——这种机器仅仅是为了某种刺激而存在的，它与任何真实的外部环境及现实城市无关！

"大"(Bigness)之表征一：速度。

现代城市空间被"大"所控制，"大"是速度。"速度"是这个时代发展的动力，一种对新的成功的追求，对效率与财富的渴望。"汽车"成了速度的代表，现代人体验到了前所未有的速度状态，人们更多的是坐在车里用眼观看；要使快速运动的人看清物体，就必须将这些物体的形象夸张。(图3-40)。

"大"(Bigness)之表征二：交通空间。

随着机动性的发展，城市中机动性特征明显的区位，如交通换乘中心、停车场、加油站等正成为城市中最具现代城市特征的场所(图3-41)。这些场所成为城市中"大"尺度的直接表达。

"大"(Bigness)之表征三：景观大道。

因为机动车道路的线性特征，沿道路的建筑呈线性发展，沿街建筑成为当前中国城市美化运动的着力点、城市"化妆"运动的粉饰点，造就了许多追求政绩的"表皮化"、"视觉化"景观大道。

"大"(Bigness)之表征四：标志性建筑。

业主和设计师常常热衷于树立标志性建筑，表现"大"的张力，表达一种英雄主义气概，城市中的每个建筑都在突出自己，表达个体利益；整个城市肌理紊乱，没有整合的城市环境，公共利益、公共空间没有得到真正关注。目前的中国城市常常是不连续的，没有街区概念，城市因此而显示出各自"自大"的被肢解的空间形态。

传统城市空间在迅速瓦解，那静态的自然生长出的传统城市空间渐成记忆，只留给人们挥之不去的"乡愁"。旧城区在被逐渐蚕食，旧城改造往往由全新的城市肌理取代，那种因自然环境而生的丰富多元的城市格局正在被横平竖直的宽大马路取代，迅疾增长的高楼区记载的是工业与后工业时代的激情，城市从各个角度奔向“大”。

“人”尺度的需要

面对现代城市空间“大”的特征，外显的张力和快的节奏，现代人对“小”的渴望、对静态感觉的怀念愈加强烈。米兰·昆德拉发出“慢”的追问：“慢的乐趣怎么失传了呢？啊，古时候闲荡的人到哪儿去啦？民歌小调中的游手好闲的英雄，都到哪儿去啦？他们随着乡间小道、草原、林间空地和大自然一起消失了吗？”[2]对传统城市空间的捍卫一直笼罩着悲情色彩，有冒死保护古城墙的，有躺在地上阻挡推土机的，更有各种乡村聚落保护、调研机构在奔走呼吁。

人有追求物质的本性，有求“大”的欲望；而同时人又有不可或缺的另一面，人性中也有追求“小”的渴望，希求“静思”的氛围，正如恩斯特·卡西尔在《人论》中所阐述的“人是符号的动物”，马克思·韦伯也指出“人是悬挂在自己编织的网上的动物”，两者都揭示了人的文化本质。传统城市是当时代人精神的物化和外显，是依人的尺度而建造，是单尺度城市，它往往是整体性的，有均质的城市肌理，有漫长的自然生长过程，城市节奏缓慢而悠长，适应于人的速度、马车的速度，因而尺度是小而近人的，节奏是慢而静态的。陶渊明的那首名句“结庐在人境，而无车马喧。问君何能尔，心远地自偏。采菊东篱下，悠然见南山。”是一份宁静致远的心境，“慢”在这里具有了一种超然美感。同时，人的文化本质也鲜明彰显出来。

图3-43 欧洲某城市中心区街道
连续性的底层通透的商业店面及局部放大的可驻留空间，促进了视觉的可及性和通行的便利性

图3-42 古罗马城市
古罗马城市被打造成彰显英雄气概的巨大容器

人是万物的尺度，从维特鲁威到达·芬奇，对人体尺度的思考一直是研究建筑与城市的原点。城市和人的尺度关系与城市生活、城市活力甚至城市兴衰是密切关联的，西方城市建设史在这方面可以给我们一些启迪。

• 古罗马城——“大”尺度场面

刘易斯·芒福德在《城市发展史——起源、演变和前景》中谈到的“罗马病”是一次值得记取的历史教训：罗马城市设计的智慧只满足了少数人的物质享乐与虚荣心的追求，只求“大”；对广大市民的实际生活，对

"小"没有加以关心。罗马在城市建设、市政技术乃至城市管理等方面均超过了希腊。但罗马人却对城市功能理解较片面，将城市打造成一个巨大的享受容器（图3-42），却忽视了城市的文化与精神功能，忽视了城市人的具体而微的生活需求。这种基本上是四肢发达、头脑简单的古罗马文化所造就的巨大尺度的城市在巅峰后迅速从欧洲消亡了。谈到对今天的借鉴，他写到"那里人口过度密集，地区实行单方面的剥削，以至不顾自身，古罗马的遗风便几乎会自行复活。如今的情况正是这样，大规模的竞技场、高耸的公寓楼，大型比赛、展销和足球赛，国际选美比赛，被弄得无所不在的裸体像，经常的性刺激、酗酒、暴力等，都是地道的罗马传统……这些东西便是厄运临近的征候"。[3]古罗马作为一个只有"大"尺度的单尺度城市，两千多年后的许多现代城市仍有类似偏差，也有"罗马病"的遗传。

● 中世纪城市——"小"尺度市民生活

如果说古罗马时代是"大写的人"，创造了壮阔的"大"的城市空间，那么，西欧中世纪的城市却甘于为"小写的人"、为普通市民提供一种切合实际生活需要的城市空间。这种空间十分朴素，具有人的尺度和亲切感。这得益于基督教生活及市民文化的兴盛。

中世纪城市在营造上侧重按照生活的实际需要来反映当时基督教生活的有序化和有组织性，以及按照市民文化平等和大众利益的原则，毫不夸张地布置他们的生活环境。西欧中世纪城市设计精彩之处，不是其规模宏大的综合性城市中心，而是那些社区生活中心。集市、定时的礼拜密切了社区居民的交流。大小不规则的广场、曲折幽深的街道、新旧参差的建筑，非常平凡然而却又十分细致而富有韵味。中世纪城市设计似乎没有大师，也没有堂皇的大理论，但其每一条街道和每一处广场的建设都体现出一种对日常生活的感应和缜密的人性化思考（图3-43）包括：建筑立面与左邻右舍的关系，广场空间的连续与封闭，每一入口处的视觉与听觉效果变化，色彩的搭配等。在对"人"尺度的推敲、人居空间的塑造以及对日常生活世界的回应上，中世纪的建设者们为后世树立了难以超越的典范。

营造"双尺度城市"

如果说人·马时代的传统城市是单尺度城市，人·车时代的现代城市则应该成为"人"尺度与"车"尺度共生的双尺度城市。这样我们将风格形式的变幻之争转到双尺度怎样共生，转到城市空间形态上，转到不只是视觉的，而是真正与人密切相关的物质空间上。

许多人怀念"步行的城市"，追求"生态"、"田园"城市，追求单尺度的宁静、优雅的文化品质，然而马车时代毕竟已经过去。我们离不开"汽车"所带来的速度和效率，汽车使我们在有限的人生中实现更多的梦想。

我们既需要汽车带给我们的速度和效率，又不能丢失人性中必须有的宁静和文化品质。我们需要"大"的效率与刺激，车的尺度、动态的尺度、公共尺度、城市尺度，也需要"小"的关怀，人的尺度、静态的尺度。

●"双尺度城市"之涵义

双尺度城市其实质是从尺度、向度来营造有生命力的城市，把城市引向有机状态，将城市作为生命体来培育，是伊利尔·沙里宁、刘易斯·芒福德的有机论思想，以及简·雅各布斯生活论思想是尺度、向度的具体化。城市作为生命体，有神经，就应该有神经末梢；有动脉，就应该有毛细血管；相应地，只有"大""小"尺度共生，"动"、"静"空间并置，城市才能有机而和谐地生长，人车共享的城市其实质也就是高效的人居城市。它既有传统城市单尺度的静态、和谐、亲切的"人"

尺度城市空间，又可通过“大”尺度以享受现代化的便捷与效率。

● 几座当代城市的尺度感受

汽车时代的城市建设，城市空间形态因汽车而变化，纽约、东京、北京、香港成为典型的汽车城市。纽约为方格网布局，城市因交通而划分为几十个街区，城市空间有些单调乏味，曼哈顿的摩天楼更是向全球昭示财富之“大”。东京城市也显示出“大”的动势和张力。今日之北京，在“摊大饼”中迅速一环环变大，在向全世界显示出一种变大的欲望：快速环道、高架桥、大尺度的城市公共空间（图 3–44），超宽超尺度的马路和建筑——表皮化的城市空间，显示出一种“官”气、一种权力、一种整合秩序的雄心；而内在的城市肌理则往往是紊乱的空间碎片，只有“大”的尺度、只有“汽车”、只有视觉参与。巴西利亚等新建首都，也有类似的单尺度“大”的感觉，不聚人，缺少“人”的尺度。

图3–44 快速环道、高架桥：大尺度的城市公共空间

欧洲的一些中世纪城市在逐渐演进；经过大刀阔斧的现代化，巴黎、哥本哈根、维也纳等成为既具现代化汽车的高效，又保留古典人性尺度的双尺度城市；同时佛罗伦萨（图 3–45）、威尼斯等虽然也在现代化，然而并没有真正融入现代的高效性，现代化的力度远远不够，仍然只能称之为传统的单尺度城市。城市生活缺乏现代活力，现代生活并没有在这些古典城市中真正融入和展开，城市因而显示出破败与衰退，即这些城市本身不具有现代生活造血功能，很可能沦为纯观赏性城市。

图3–45 佛罗伦萨
保持着传统人性化尺度，缺乏现代生活的高效性和活力，属于单尺度城市

双尺度城市营造的五个向度

营造适应现代城市生活的双尺度城市，可从以下五个向度加以尝试：

● 线性道路空间与组团空间

这是关于城市整体空间格局的思考，它涉及城市肌理的构成。线性道路空间主要指：城市道路及其道路两厢界面，这是由汽车的交通网络决定的，它创造了城市的高效性，是城市现代性的主要表达方式，必须毫不含糊地予以满足，它决定了城市“大”的特征。城市干道、城市街道、小区道路等，都有其相应的两厢界面；这类界面的尺度应着重于汽车中的人在运动中的视觉感受，与动态的城市空间相适应；商业广告应强调夸张、醒目，造型应尽量简明，简化细部，注重视觉冲击力。总之，线性城市道路空间是开放的、动态的、“大”尺度的。

图3-46 巴黎塞纳河畔的线性空间

图3-47 巴黎
巴黎由无数人居街区“细胞”组成

图3-48 哥本哈根沿岸空间的复兴

组团空间主要指城区内的居住建筑空间：它以满足人的居住生活为主，是内向的、静态的、步行的、“小”尺度的。

当代城市空间往往以线性道路空间为主，只满足了“车”尺度的高效性，而对组团空间的生活性及“人”尺度的思考则往往不够。线性道路空间与组团空间的并置将形成具有现代性的宜人城市空间和城市肌理。

它们既有现代城市的高效和便捷，又有传统城市的人性化空间。巴黎在城市尺度上有完美的线性道路空间：由凯旋门放出12条大道，特别是举世闻名的香榭丽舍大街。

这条中央大街成为联系整个巴黎的形象轴，一直穿越到德方斯新区，道路两厢建筑优雅而浪漫，空间流动，商业气氛浓郁。这得益于150年前奥斯曼主持的巴黎改建，他重整了巴黎城市的街道系统，将巴洛克式的林荫大道与城市其他街道连成统一的道路体系，完善了城市中心区改造，将城市道路、广场、绿化、水面、林荫带和大型纪念性建筑组成公共空间的统一体。同时塞纳河也成为巴黎独特的线性空间（图3-46），沿河岸设有不同层次的道路，沿岸建筑、环境景观十分丰富。

“巴黎是个集体的杰作，一个由中间空间组成的城市。你的周围是戏院，你的背后是咖啡桌上的窃窃私语；大街上行驶着特温哥汽车；铺石路上站着看门人；大教堂前走着卖花女……”（坎贝尔）[4]。巴黎之美在于他的居住组团，在于它始终不断地保存、维护、发展和开拓这种人居空间。从巴黎的空中俯视图中可清楚地看到，整个巴黎是由千千万万个这样的居住组团“细胞”组成的（图3-47）。当你站在地面，直接接触这些细胞，更能感受到巴黎人丰富多彩的生活；巴黎的这种以居住区为单元的“小”尺度空间，具有多样的意境和魅力。

图3-49 凯旋门的星形广场

城市都应当是以这种人居空间为“细胞”组成的，它们才是城市的“母体”，而那些摩天楼、纪念馆、飞机场等则都是派生的。去掉这些富有人情味的人居空间，让居民移到郊外去，而把城市完全留给那些办公大楼，城市将毫无生气。

哥本哈根经历了以汽车为主导到以人为主导的城市变迁，多年来哥本哈根一直享有亲切的、以人为本的城市美誉。在人与车的平衡中，新型的市中心表达出一种良好的双向开放性，城市被高效而舒适地使用着。

哥本哈根在城市尺度上的努力，重在沿岸空间的复兴（图3-48），这里成为线性的开放空间，航运、沿岸的休息区、咖啡座，商业活动十分活跃；城市公共街道两厢建筑丰富而有活力，组成人居空间的组团有机地分置在道路旁，形成外与内、动与静、大与小的和谐组合。

● 城市广场

好的城市广场应该既有城市尺度的视觉需求，又有人尺度的心理满足以及适应日常活动的需要关于广场尺度，凯文·林奇（Kevin Lynch）在《场地规划》一书中把25m左右（看清面部表情的最大距离）的空间尺度作为在城市环境中最舒适的尺度，他还指出，超过110m的空间尺度（人观看活动的最大距离）在良好的城市空间中是罕见的。

巴黎的城市广场在双尺度的融合上堪称典范。从凯旋门的星形广场到协和广场等，都有来自城市尺度的考虑。既有与整个城市相协调的“大”尺度，与运动中人的视觉相适应的形象（图3-49），也有来自对步行者的关照，广场背景界面的尺寸和形状可召唤人们稍事停留并漫步其中。埃菲尔铁塔下的

图3-50 埃菲尔铁塔下的环境

环境就十分宜人，在巨大尺度旁仍设有小水池、林地、小活动场等（图 3-50）。

城市广场休闲活动的数量与其能提供的座位有重要关系，哥本哈根在这方面都作了精心设置，户外咖啡文化对创造有活力的城市起了重要作用。同时城市广场是城市中各种活动与事件的聚散地，可作为非正式的舞台，也可作为节目和活动的大舞台，是城市人文活动中信息与交流的公共平台，这些都是针对“人”这一尺度的思考。

● 城市·建筑综合体

城市与建筑相互咬合、连接、渗透，使两个环境层次、大小两种尺度之间的门槛日益模糊。目前，多元综合已表现为一种大趋势，综合体的多功能相互平衡、相互激发，因而产生更大的经济效益，成为城市生活的积极触媒。而城市·建筑综合体也成为传统个人尺度和城市尺度的并置与交融。当代城市生活的一体化和运作方式的集约化以及由此带来的高效益和高效率是促进城市与建筑功能一体化的源动力。

城市·建筑综合体具体表现方式有三大类：①点状形态，它作为所处环境地段中的一个开放性环节，除了完成自身功能外，还以引入或接受城市职能作为其职责；②线性形态：以行人步道作为主干的城市公共空间体系；③立体网络形态：建筑与城市在三维空间中彼此穿插聚合，构成协同发展的有机系统[5]。这种综合体形式在各大都市都有出现，如日本东京、美国纽约、中国香港等。这些

图3-51 香港奔达中心

图3-52 北京某改拓后的景观大道由于活动人群稀少，人力车在整齐地排队休息

图3-53 凹凸的临街面

城市·建筑综合体的形式具有十分典型的双尺度特征，是现代双尺度城市营造的重要方向（图3–51）。

• **沿街建筑**

面临城市主要街区的沿街建筑可以有两种尺度的表现：为了捕捉车中人在快速运动中的注意力，建筑的霓虹灯广告必须醒目、夸张，同时建筑造型可以适度夸张或将细部简化。现代城市建筑对这一城市尺度的把握都是十分用心的，当代中国追求的"标志性建筑"以及欧美的众多现代城市建筑都在这方面有精彩表现，然而由此塑造的城市街道空间却十分单调，没有人情味，没有人气（图3–52）。这是沿街建筑只注重城市"大"尺度的后果。在这一点上，我们需要好好借鉴中世纪的城市街道。

好的底层临街立面是重要的城市特征之一，它可使得这个城市走起来有趣，看上去有吸引力，触摸或站立在它旁边都十分有意思。建筑中的活动与街上的活动能相互融汇，入夜，从商店及其他底层建筑的窗户透出友善的灯光，给人一种安全感和实实在在的安全保障。有趣的底层临街立面，同样也是人们夜晚或周末在城中漫步，以古老的"逛街"方式休闲的理由。这种吸引人的临街立面往往有非常多凹凸的细部和连续的临街面（图3–53）。

没有吸引力的底层临街立面往往有如下特征：①很少甚至几乎没有门的大单元；②功能单一；③封闭式消极的立面外观；④单调的立面；⑤缺少细部和趣味。

文丘里的《建筑的矛盾性与复杂性》以及《向拉斯韦加斯学习》都强调了多元并置、表情丰富的街区的必要性，而柯林·罗等所著的《拼贴城市》更是颂扬了中世纪城市街区因拼贴而形成的丰富性。这些多元性与丰富性主要是对人尺度的关注。

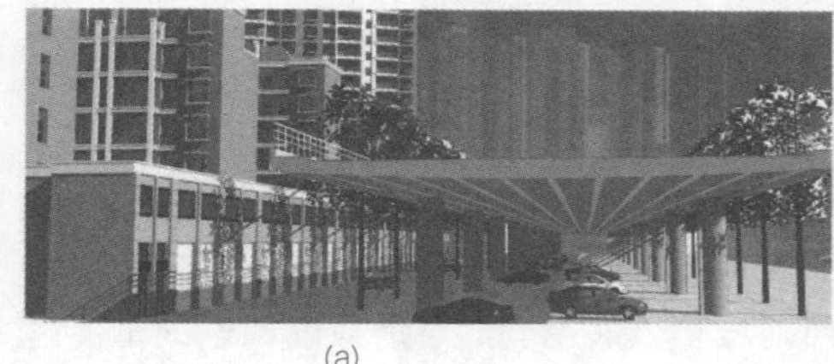

(a)

(b)

图3–54 和城住宅区高架桥空间使用
(a)利用桥下空间布置停车场
(b)桥下空间设计：桥下修建集装箱形构筑物，提供大量空间用于商业街的休闲场所，形成沿街立体景观。提供桥上高速运行汽车和桥下悠闲市民生活双尺度空间

图3-55 洞庭·泰格林纸业文化中心

图3-56 湘潭传媒中心

• **机动车节点空间**

随着城市机动性的不断增强，当今城市中交通空间在城市生活中变得越来越重要。它们不仅仅担负简单的交通功能，而往往成为交往、约会、购物、休闲等社会活动场所。城市中机动性特征明显的地区（如火车站、交通换乘中心、停车场、加油站等）将成为未来城市中最具现代城市特征的地区。对这种城市空间节点的人性化设计成为不容忽视的内容。当前中外城市中这类机动车节点空间都还仅仅只停留在纯交通空间的特征上；这类交通空间对城市空间、城市生活的影响还没有引起足够注意，怎样将城市机动车节点空间通过城市设计而纳入城市人居空间系统，在"车"尺度的冷淡中注入"人"尺度的亲切感和舒适度，虽然于我们是一个全新的课题，却是我们营造宜人的新城市空间所要努力的又一个重要方向（图3-54）。

面对日益变"大"的城市，我们不能回避和悲观，人类步伐总在向前，我们不能只用过往的思维来满足传统的情愫，从"尺度"而不是"形式"向度进行思考才能真正解决现代都市形态问题。在大的车尺度中融入小的人尺度，这种双尺度城市营造方式是解决当前城市公共空间形态所面临问题的重要途径（图3-55，图3-56）。

营造具有现代城市生活特征的双尺度城市有诸多途径，笔者认为至少可以从线性道路空间与组团空间、城市广场、城市·建筑综合体、沿街建筑、机动车节点空间等五个向度加以思考，这五个向度分别涉及城市空间形态中的不同切面。由于城市是复杂的巨系统，城市中各种因素必定是彼此交融、渗透的，只有通过对城市中这五个方面双尺度思考的有机交织、有序复合才能形成完整的"双尺度城市"空间形态。由此，一个高效、宜人的城市空间形态可得以呈现。

注 释：

[1]雷姆·库哈斯.大Bingness.姜珺译.世界建筑，2003(2)：44.
[2]米兰·昆德拉.慢.巴振聘译.上海：译文出版社，2003：3.
[3]刘易斯·芒福德.城市发展史.倪文彦，宋俊岭译.北京：中国建筑工业出版社,1989：6.
[4]张钦楠.阅读城市.北京：三联书店,2004：185.
[5]韩冬青，冯金龙.城市·建筑一体化设计.南京：东南大学出版社，1997:33.

图片来源：

图3–40汽车城市中的建筑物
网络下载http://news.sina.com.cn/photo/
图3–41阿姆斯特丹滨水终点站
潘海啸.城市交通空间创新设计——建筑行动起来.北京：中国建筑工业出版社，2004.
图3–42古罗马城市
洪亮平．城市设计历程．北京：中国建筑工业出版社，2002.
图3–43欧洲某城市中心区街道
自摄
图3–44快速环道，高架桥
网络下载http://news.sina.com.cn/photo/
图3–45佛罗伦萨
网络下载http://news.sina.com.cn/photo/
图3–46巴黎塞纳河畔的线性空间
自摄
图3–47巴黎
张斌，杨北帆．城市设计——形式与装饰.天津：天津大学出版社，2002.
图3–48哥本哈根沿岸空间的复兴
扬·盖尔，拉尔斯·吉姆松.公共空间·公共生活.王兵，戚军译．北京：中国建筑工业出版社，2003：59.
图3–49凯旋门的星形广场
张斌，杨北帆．城市设计——形式与装饰.天津：天津大学出版社，2002.
图3–50埃菲尔铁塔下的环境
自摄
图3–51香港奔达中心
网络下载http://news.sina.com.cn/photo/
图3–52北京某改拓后的景观大道由于活动人群稀少，人力车在整齐地排队休息
网络下载http://news.sina.com.cn/photo/
图3–53凹凸的临街面
扬·盖尔．新城市空间.何人可译.北京：中国建筑工业出版社，2003.
图3–54和城住宅区高架桥空间使用(设计：陶竟进等 设计指导：蒋涤非)
图3–55洞庭·泰格林纸业文化中心(设计：蒋涤非)
图3–56湘潭传媒中心(设计：蒋涤非)

自组织城市

Self-organized City

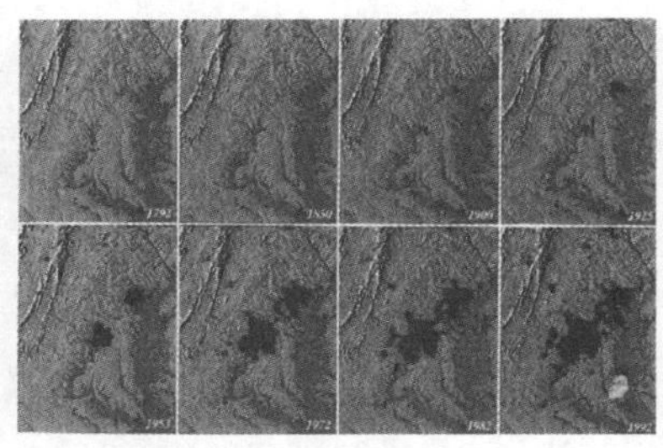

图3-57 美国巴尔的摩-华盛顿区域在近两百年的自由增长历程

Two hundred years of urban growth for the Baltimore-Washington region. Red pixels denote urban land use as defined by both the USGS and the Bureau of the Census.

工业文明后，城市的迅速发展向人们提出了新的挑战，人们心目中的“理想城”似乎总是不可能在现实中得以呈现，所有乌托邦的梦想不得不面对这一现实——城市虽然是人类文明的产物，却仿佛如一个生命体，不接受各种强加的既定目标的束缚(图3-57)。城市作为生命体，所具有的新陈代谢节奏以及有机组织形式，是城市作为一个自组织系统的重要前提，随着现代主义的理性城市规划的失败，人们开始不得不放弃蓝图式的、物质形态的规划方式，并逐渐注意到城市的复杂性、多样性和难以预测性，简·雅各布斯和20世纪70年代的后现代主义城市规划理论开始把城市看作一个由多元空间、多元关系网络组成的以人为参与主体的多要素复合体，认为城市应具有复杂的、混沌的、有机的自组织特征。

城市是不断演化发展的自组织系统，是一种耗散结构组织，它不断地从外界输入物质、能量和信息(包括原材料、能源、通信等)，又不断地输出人才、产品、废料等。

城市具有典型的耗散结构特征：人口、物质、资金、信息、能量的流动，地域和城市的发展不平衡，通过不断分化和调整组织新秩序等，构成了城市结构系统的开放性、非平衡性和非线性等自组织特征[1]。

城市自组织发展机制中，涨落是城市系统的基本属性，是城市发展演化的基本条件，涨落意味着城市系统处于一种远离平衡的状态，处于不断地发展变化之中。涨落是组成系统的大量因子的运动，每个因子的运动都具有偶然性，对于这些不间断的、大量因子的偶然运动的关注是各项城市自组织研究的出发点。这使得自组织理论成为一种自下而上的城市研究方法。

发挥“触媒”作用

● 城市触媒理论

城市触媒理论[2]是20世纪末由美国城市设计师韦恩·奥托和唐·洛干提出的引导城市开发的城市设计理论。触媒理论考虑到城市发展的过程性，是一种激发和引导城市建设过程的城市理论。市场经济是城市触媒理论存在的前提，只有在市场经济体制下，城市触媒对城市建设的激发与引导作用才能充分发挥。在市场经济体制逐步走向健全的今天，城市触媒理论对我国的城市建设，尤其是城市活力营造将起到重要的引导作用。这是一种营造城市活力的重要方法论。

● 城市触媒的内涵

城市触媒类似于化学中的“催化剂”，城

市导入的这一新元素可以起到激发相关元素的作用，即一项开发能够引起多项开发的连锁反应，从而创造富有生命力的城市环境。催化要素具有某种活力，既是城市环境的产物，又能给城市带来一系列变化，它是一种产生与激发新秩序的中介。催化要素的目的是"渐进的、持续的城市组织的更新"，催化要素不是单一的最终产品，而是能够推动和指导一系列其他要素的发展。城市触媒的外在形式具有多样性，可能是一个公共空间或一个构筑物，如广场中的喷泉或表演舞台等；可能是单栋建筑，如旅馆、交通中心（汽车站、地铁站等）、大型商业中心等；也可能是一个建筑组群，如城市综合体、商业街等；也可能是某些自然景观元素，如湖泊、河流、生态公园等。城市触媒可以定义为人气旺盛或对人的活动有较强吸引力的建筑、场所或区域。人的聚集不仅会给城市带来活力，同时还能有效地促进经济的发展。

触媒概念主要包括以下几点：

(1)触媒要素可以改变它周围的要素；

(2)被催化的要素被加强或被以积极的方式加以改变；

(3)积极的催化反应理解并维护原有文脉；

(4)整体效应大于各部分要素的集合；

(5)起催化作用的要素本身具有可识别性；

(6)是激发城市活力实现城市设计目标的重要途径。

- **城市触媒运作过程**

在城市开发中，先确立区域内的触媒点，然后根据触媒自身规模与影响力的大小、经济效益的高低等因素，先开发影响较大的触媒点，后开发影响较小的触媒点。

在城市触媒运作过程中，触媒最初仅作用于与其邻近的城市构成元素，随着"触媒点"的能量传递，当原有的元素被改变或新的元素被吸引过来后，原始的"触媒点"与新元素共振，形成更大规模的城市触媒点，影响到更大的城市区域，从而形成城市开发的联动效应。韦恩·奥托认为：大多数的城市再开发项目只是增加了土地价值，却不能提供新的经济增长点。具有催化作用的建筑不仅能够产生连锁反应，而且能够指导城市开发并给周围环境的变化提供条件。

重视城市要素的催化作用和连锁反应，关注城市要素之间的关联性和相互作用机制是城市触媒理论的重要内核。从其运作实现的机制来看，触媒理论是一种实用主义思想。它强调城市设计的效果，更关注通过何种方法去达到设计所预设的效果。

触媒理论强调城市形态变化的连续性，每栋建筑在连续性的城市场所中发挥着重要作用。在城市飞速发展的今天，设计城市终极产品形态往往会因时间的推移而跟不上各种因素的变化，因此，要设计一套程序而不是设计结果是实现持续控制的有效方法。

奥托认为：当代城市更新的过程过于激进，他们拆除了太多的现有建筑，取而代之的是一些外来的因素，而且这一过程没有关注持续的效应。而触媒理论则是立足于城市现有文脉，触媒理论假定某种新元素的引入能够激发城市现有元素的活力，因此也就不需要大拆大建。

巴奈特认为，城市形态的混乱是由于一系列个别决策的结果，是由于工程师、测量员、律师和投资者根据自己的目的作出的决定的结果，缺乏相互协调，彼此没有妥善考虑相互的关系和影响。城市设计应该协调各个方面，利用各城市要素间的内在关联性，并利用其中的催化机制，保证各个决策能够在总决策的指导之下展开工作。

综上所述，城市触媒理论是一种局部区域的"自下而上"的设计理论，是市场经济下促使城市建设良性发展的有效模式。政府或相关机构应对城市开发中的"触媒点"进行合理布局和有效控制，使其布局满足城市居民的合理需求，符合市场经济的运作规律。

形成自然生长的城市

C·亚历山大在《城市不是一棵树》中，认为城市不应看作树状的等级式结构，而应该被看作各部分相互重叠、相互作用的半网络结构。这种半网络的城市其实也就是一种自组织城市，其中的每一个子系统都是开放的自组织系统，同时又相互联结，形成一个动态发展的、自组织的整体。

C·亚历山大认为，现代主义城市规划的失败是源于将城市理解成一棵树，按照树形结构来对城市进行机械式规划，同时还发展出树形结构的规划体系，将规划部门置于这一体系的顶部，C·亚历山大倡导一种使用者而非规划者决定的建筑模式，规划者只是为使用者制定原则和提供可选择的模式。在《模式语言》中他总结出253条模式语言作为对自然生长、富有活力的城镇的研究与归纳。他认为应在模式语言基础上，通过民众参与和专家的阶段性指导，在较短时间内模拟自我生长城市在漫长历史中完成的动态过程。在这里，专业人士所起的指导作用，类似于自组织机制所起的约束和导向作用。

C·亚历山大认为应将城市建设活动看作一个连续的过程，在建筑发展过程中不断寻找和创造新的增长点(即"基核")，最后达成一个整体。这与奥托的触媒理论有相似之处。C·亚历山大将其模式语言称为"空间的种子"，这是一种类似于"基核"的提法，他认为：我们无法设计花，只能种下种子，好的设计理论并不是告诉人们如何设计空间，而是让空间有机会长出生机勃勃的花儿。在城市地段生长机制实验研究中，他指出，实验地段的空间形态生长是以连续和"蛙跳"相结合的方式反复进行的。一个新的生长点产生，带动周围发展，达到新的均衡，同时又孕育着新的增长点，是一个从无序到有序的循环往复的自组织生长过程。

注释：

[1] C.亚历山大著；赵冰译.建筑的永恒之道.北京：知识产权出版社，2002

[2](美)韦恩.奥图，唐.洛干著；王劭方译.美国都市建筑——城市设计的触媒.台北：创新出版社，1995.80–86

图片来源：

图3–57：美国巴尔的摩–华盛顿区域在近两百年的自由增长历程

网络下载http://biology.usgs.gov/luhna/chap5.html

“触媒”的艺术

Accelerant Art

图3-58 法国里昂·广场水柱喷泉
水柱喷泉使广场成了对任何年龄段的孩子来说都极具吸引力的游戏场所

随着快速、同质化的城市化，我们正在失去这种创造能力，出现了“没有城市文化的城市化”。针对这一现状，我们应该思考如何在城市空间的构建中恢复创造生活方式的能力。C·亚历山大在《建筑的永恒之道》中指出：每一城市，每一邻里，每一建筑都有一系列随着其流行的文化而不同的事件模式。我们的个体生活由它们组成……我们一起的生活也同样……它们是我们文化自我维持、保持活力的法则，通过用这些事件模式来建立我们的生活，我们成为我们文化中的人。

公共艺术在给城市及其公共场所带来鲜明视觉印记的同时，也陶冶着大众的文化个性和市民人格，昭示着一座城市的特质。

激发城市的公共性

在很大程度上，正是那些意境隽永的公共艺术和人文荟萃的公共文化场景使人们产生对这座城市的记忆，如同“埃菲尔铁塔”之于巴黎，“自由女神像”之于美国，城徽“母狼”之于罗马或“美人鱼”之于哥本哈根……（当然决不仅限于城市雕塑艺术）。在文化多元化或非中心化的当代社会，艺术的功能除了承担它原有的培育社会、陶冶人性、干预社会（针砭时弊）及自身语言和观念的创造性探索之外，开始更多地与社会的整体文化及公共事业密切关联，把艺术活动的社会化及艺术的公共参与作为营造广大普通公民共同的精神生活及审美文化的重要方式。

公共艺术的存在目的及方式在于使其受众同时也是参与者达到某种认同和受益的普遍性以及介入大众寻常生活的广泛性，它不因为由于高雅艺术和市场经济作为背景而导致其服务于普通民众并具有艺术的普遍精神的双重品格的改变，而恰是由于公共艺术对少数特权阶层和私人利益的超越以及与平民情怀的有机结合才能产生出真正的公共艺术。当代公共艺术日趋明显的社会性和当代平民化倾向，即通过社会存在及其整体经济的运作规律而使艺术走入到平民社会的寻常生活之中，成为满足他们文化消费的一种与精神同在的生活化的东西。

作为创造“相遇”的媒介

公共艺术作为创造相遇的媒介，也就是公共艺术的方式和过程要更多地成为公共利益及公共道德的自我教育、自我学习和自我认同的重要途径并由此激发相关城市生活。

图3-59 欧洲某街区公共艺术小品

图3-60 嵌人墙面的全景录像
29个嵌在侧面墙中的荧幕，每一个都传送不同的影像与声音

从某种意义上说，公共艺术比其他方式（如宗教、政治、经济等方式）有较少直接的利害关系而有较多文化的包容和交流的可能。人们往往可能通过对于艺术“活动”的参与、批评，甚至冲突之后达成某种理解和妥协，消除某些隔膜与偏见而达成相互间的接受与理解。

德国的著名艺术家波依斯认为，艺术存在于人们不同的生活境遇及其思考和表述方式之中，因而提出“人人都是艺术家”的看法。“人人都是艺术家”似乎是当代范围内对未来理想社会状态的追求。这是对人的本质一致性的认识，对人的普遍拥有艺术创造能力的肯定，对人类文化信息共享的憧憬，正是当代公共艺术活动所倡导的文化与社会价值观念的基本出发点。从一定意义上说，当代公共艺术活动的实践与参与过程，是有助于普通民众朝着“非艺术家”的艺术化生存的实践。

多数情况下，当代艺术品若无法创造相遇的条件，则称不上是艺术。这种公共艺术建立在每一个人与世界和与他人“同在”的可能性之上，在那里人们可以没有戒心地、自在地谈话、交流，而“公共艺术”正是促成每一个人与世界及与他人“相遇”的媒介，它创造出愉悦感、快乐感以及对城市生活的惊叹感，作品自身孤立的美感反而并不是重点。

可以这么认为：在多数状况下，当代公共艺术品若无法创造相遇的条件，则不过是次等的制作，尽管它使用精选的材质，但仍不具说服力。

当代公共艺术应该提供可以和世界相遇的可能性，当艺术不是一件放在台座上的雕塑品时，多少可以更自然地对我们的日常生活产生影响。

可以通过对传奇、寓言、神话或历史的吸收，以及通过创造可以被人控制、坐在上

图3-61 《向阿拉果致敬》
135个直径12厘米、固定于地面上的铜质纪念章

面或从下面穿过的艺术品形式，激发人们的玩心、创造力和想象力。

可以利用公共艺术品促进人际接触和交流。醒目而且接近道路的雕塑或喷泉可以吸引行人停下来，甚至可以坐在附近或引发交谈，能够吸引儿童的雕塑或喷泉同样能够吸引成年人（图 3–58）。公共艺术品可以作为公共空间中相邻陌生人之间沟通的潜在桥梁。

欧洲某街区活动场所内的棋子小品引来儿童及大人们的好奇和参与（图 3–59）。棋子小品成为促进人际接触的媒介。

全世界各城市麦当劳门前的“麦当劳叔叔”是儿童们心目仅次于圣诞老人的形象，常引来孩子们与“麦当劳叔叔”一起照相等。法国艺术家罗贝尔·卡昂在法国里尔的一个室外通道楼梯的侧墙上，镶嵌了 29 个显示屏（图 3–60），其中播放欧洲城市影像，另外还通过摄影机把参与观看人的影像同步输入显示屏中，使人们在显示屏中同时也可看到自己。这成为创造相遇，激发故事发生的一个新奇的媒介。

作为激发人们行为的媒介

公共艺术品对城市空间的介入，尤须慎重体察具体环境的情境，比如在城市历史文化遗迹所在地或在重要的生态环境保护区域，应特别注意新建艺术品置入的合理性和必要性。在公共艺术品的审议和设计过程中应充分注意保护历史环境及周边的整体形态。另外，在公共艺术品的放置地点和方式上首先应广泛听取公众群体的意见，不能违背公众意志。

当代艺术介入都市景观，作为激发人们行为的事件，可以被视为是一种将各种印象结合在一起的行为，中心性消失，并且让艺术介入的方式多少变得不那么突兀。一些明显的雕塑、浮雕或许不见得能改变什么，但在公共空间中光线的调整、方向的导引、视觉的刺激、声音、气味等，都可以让体验到的人感到精神富足。普鲁斯特曾提出的“无意识旧经验因某些细微媒介而生动地引发”

的事实，强调艺术的介入，而不再专注于创造具象物件以责成观众对这物件专注地回应，而是要创造人与整体环境的新关系，也就是无所不在也不可言诠的偶发感应。作为表达对著名学者阿拉果的敬意，艺术家让·迪贝兹不是按常规设置一个有基座的塑像，而是在巴黎皇宫公共走廊地面镶上 135 个 12cm 直径的阿拉果（ARAGO）铜质纪念章，使人在行走时，每看到一次就激发一回想象力（图 3–61）。

大型叙事史诗的年代已经被日渐增多的个人叙事所取代，单一说教也转为不可胜数的故事叙述，它们交互重叠也相互回应。我们应强调分享以及凝聚大众的当下记忆，而非去传颂时间化、一般化的历史故事。

在艺术作品内部或附近添加可让人歇坐或倚靠的台阶、凸台或栏杆感觉体验——例如，可触摸的雕塑所具有的质感，喷泉所具有的声响和感觉……可能会带给人一种短暂却愉快的感受。利用或着眼于自然现象（例如，雾、风、雨、火等）的艺术品有可能成为一件自然的吸引物。比如，在市中心区内，有计划地配置一系列设计良好的街道设备，可以为市中心建立一个统一的主题，整套计划中应包括街灯和其他街道设施在选择和使用上的标准，这些设施包括座椅、垃圾筒、报纸贩售机、停车亭、可移动的花盆、电话亭、询问室和摊贩车等。标示管制规划和方向的招牌也对市中心的环境在视觉上有相当的影响。以上都可当作公共艺术品来设计，这是广义的公共艺术概念。

图3-62 挪威·广场现代石雕

公共艺术品与日常活动紧密相连，具有行动力

当代公共艺术品不再被视为物件或艺术风格史的再现，它开始具有行动力。公共艺术成为与生命、生存最特殊的一种联系，也就是与自由心智、感觉及欲望的最特殊的联系（图 3–62）。

图片来源：

图3–58法国里昂·广场水柱喷泉

扬·盖尔，拉尔斯·吉姆松.新城市空间.何人可，张卫，邱灿红译．北京：中国建筑工业出版社，2003.

图3–59欧洲某街区公共艺术小品

(美)克莱尔·库珀·马库斯，卡罗琳·弗朗西斯．人性场所——城市开放空间设计导则.俞孔坚，孙鹏，王志芳译.北京：中国建筑工业出版社，2001.

图3–60嵌入墙面的全景录像

卡特琳·格鲁.艺术介入空间.姚孟吟译.桂林：广西师范大学出版社，2005.

图3–61《向阿拉果致敬》

卡特琳·格鲁.艺术介入空间.姚孟吟译.桂林：广西师范大学出版社，2005.

图3–62挪威·广场现代石雕

扬·盖尔．拉尔斯·吉姆松.新城市空间.何人可，张卫，邱灿红译．北京：中国建筑工业出版社，2003.

“高密度”中国

Chinese High-density

图3-63 城市街道中高密度人群

密度作为物理学范畴，指的是单位空间中的人数。而拥挤是指心理学上的状态，是个人的主观反应，是对空间太小而周围人数太多的感受（图 3-63）。虽然构成拥挤感受的众多因素里，密度是必要条件，但并不意味着高密度必然导致拥挤。人们之所以指责高密度环境，主要是因为它对人与人之间的相互交流常常有不良影响。高密度会产生诸如攻击性行为、不合作、回避等多种消极的社会行为。

社会密度的增加常常意味着人均资源的减少，空间密度的提高则意味着除了空间减少以外其他资源没有减少（甚至增加）。在较高社会密度环境中，对可用资源竞争人数的增加而导致人们之间敌意行为增加。如当操场上的活动设施、器具和场地不足时，幼儿园孩子们的不友好行为和竞争性行为增加。

但是高密度对人类行为的影响不能一概而论。心理学家福瑞德曼（Freedman）的密度—强度理论认为，在特定的情境中，其他人的存在也是一种刺激，高密度则强化了此种刺激。城市是人们居住、工作和社交的地方，这就需要有彼此的相对接近度。对居民来说，密度的直接感受远比单位面积里的人口数重要得多。

城市中的人口密度与是否拥有对城市生活非常重要的特殊功能和服务设施有关。譬如在城市人口密度较高的居住地区，小型商店和服务设施（杂货店、酒吧、咖啡厅等）出现的数量和种类繁多。公共交通的存在与运行在一定程度上取决于居住区的密度。另一方面，从能源保护、资源利用的高效性出发，更应该增加密度，这也是“紧凑城市”（Compact City）的观点。

在城市设计过程中寻找一个量化的最佳密度是困难的，但它很有价值。我们经常采用的指标是最小密度和最大密度，即在一个可居住的街道、邻里和城市中，该土地上居住的最少人数和最多人数。城市设计中的最小密度是确保城市活力的基础，最大密度则用以确保此土地上生活的人们有基本的健康性和可居性。有西方学者建议城市生活所必需的最小净密度（人数与居住建筑占地面积比，不含道路）为每英亩 15 个居住单元（30～60 人）。这只是对特定的西方国家而言，而这个密度对我国来说是非常低的。[1]

最优秀的城市场所必须具备一些混合功能，这可以反映出公共性与多样性的价值观并突出地区的个性，但给一个地区带来生气的是混合活力而不是密度。密度是混合活动

图3-64 高密度的地铁空间

产生的前提（图 3–64）。

高密度适应性是营造有活力城市的重要理论依据。高密度不一定导致个人的或社会的病症。香港的人口密度差不多是多伦多中心区的四倍，但它的犯罪率只有多伦多的1/4。

在高密度对人类行为的影响过程中，文化具有调节作用，有时它对高密度无能为力，有时它则提供了高密度适应性。西班牙人比较欣赏近距离的接触，因此对高密度的反应最平静。

那些与拥挤、社交障碍联系在一起的文明往往是城市文明史的后起之秀。在这些文化中，高密度常常与不友好的、敌意的行为以及犯罪紧密相连。"这也许是因为这些年轻的文明还没有找到应付和调节拥挤的机制。而在一些历史悠久的文明中，特别是那些历史源远流长且人口众多的国度，常常发展出一套成熟的机制来调节高密度的压力"[2]。

日本人具有应付高密度生活的熟练技巧。在日本的住宅里有一种灵活使用空间的习惯。他们住宅中的隔墙可以移动，空间是可变的。同一个空间往往具有多种功能，可以吃饭、娱乐甚至睡觉，以时间错开的方式加以混合使用。

人们高密度环境的适应性不能简单地归于社会体系的某些特征或人们所依赖的文化准则和习俗，人类能成功地定居于各种不同环境，或炎热或寒冷，或山区或沙漠，或海岛或内陆，其高密度适应能力是多种因素作用的结果。

中国人是应付高密度的能手。一些外国学者甚至相信"由于中国人应付高密度环境的习惯性，以致于即使中国人能在较低密度环境中生活，也会选择高密度的居住方式。"[3]

从国内各大中城市已建成的社区看，我们的社区密度非常高（图 3–65）。中国人比较适应高密度的居住方式不是空穴来风。关注一下我国的传统居民，可以找到一些与高密度生活方式相协调的建筑特征。中国建筑文化又被称为墙文化，用围墙把居住活动与墙外嘈杂混乱的城市隔开，其住宅内部空间变化多端、丰富多彩，厅、堂、廊和院落各种空间可以灵活使用，是多功能的复合空间，并常常是通过时间错开的方式使空间多功能复合使用。

高密度的居住方式使我们青睐小件物品，譬如我们的盆景与国画。人口密度大使得我们倾向于使环境小型化，并养成以追求完美细节的精神来处理有限空间。

达到了文化习惯能应付各种具体情况的程度，达到了人们能够调节相互交往的程度，达到了心理、物质和文化过程的适当混合并发挥作用的程度，人们就能成功地适应他们的环境。

我们能成功地定居于高密度社会应归功于我国的传统文化，这些文化产生于高密度的社会并使这种社会成功地运转。儒学以血缘宗法为基础，要求所有社会成员的行为要以“仁”和“礼”为规范，并以此建立一种既有严格等级秩序又具某种“博爱”的社会关系。团结、互助、协调，强调非礼勿视、非礼勿听、非礼勿言。这样，当我们的居住生活空间不能满足使用时，人们的生活也能照常进行，并能摆脱高密度带来的困扰。在这种社会中，每个人都被赋予一系列的交往要求和相互责任，在高密度的定居方式中以维持社会秩序和公德为己任。

中国高密度适应性对研究中国城市空间演变规律具有重要价值；对中国“高密度”状态的因借是我国城市建设过程中应引入的一个重要因素；“高密度”中国城市特征的凸显是中国城市特色制造的重要方向！

图3-65 高密度住区

注 释：

[1]徐磊青．杨公侠．环境心理学．上海：同济大学出版社，2002．
[2]徐磊青．杨公侠．环境心理学．上海：同济大学出版社，2002．
[3]徐磊青．杨公侠．环境心理学．上海：同济大学出版社，2002．

图片来源：

图3-63城市街道中高密度人群
网络下载http://img4.tianya.cn/photo/2008/5/17/7999032_16757784.jpg
图3-64 高密度的地铁空间
网络下载http://a4367007.blog.163.com/blog/static/531244222009092185217/
图3-65高密度社区
网络下载http://bbs.news.163.com/bbs/photo/131718111.html

活力空间
Vital Space

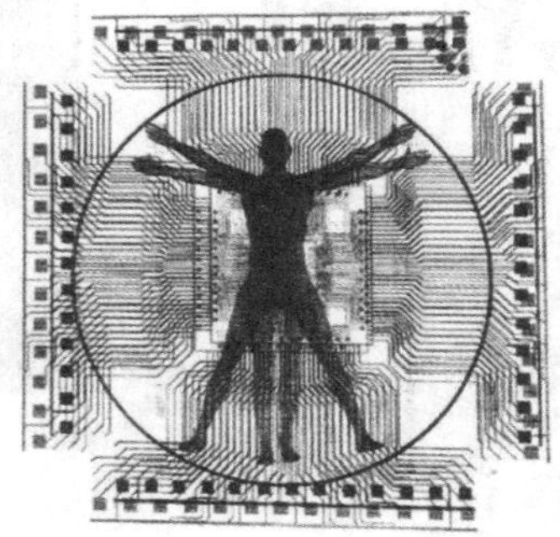

形而上与混沌化情境下的大众性思考

城市活力

Urban Vitality

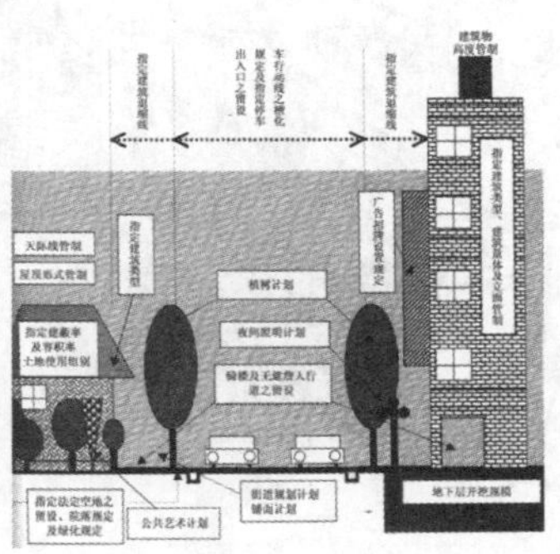

图4-1 都市设计准则项目示意图

“活力”是一个新词，在古汉语中并没有这个词，在《当代汉语新词词典》(中国大百科全书出版社出版)中“活力”一词：①指旺盛的生命力；②借指事物得以生存、发展的能力。活力对应的英文为Vigor、Vitality、Energy。

“活力”一词来源于生物学、生态学概念，意指生命体维持生存、发展的能力，其引申含义较为抽象，在表述上针对具体事物而有不同的表征差异性。

凯文·林奇的城市“活力”

凯文·林奇认为好的城市形态应包括：“活力与多样性(包括生物与生态)等一系列要素。”(图4-1)在其著作《好的城市形态》(Good City Form)一书中，他将检验城市空间形态质量的五个基本指标概括为：活力、感受、适宜、可及性、管理。凯文·林奇将“活力”作为评价城市空间形态质量的首要指标，认为“活力”是“一个聚落形态对于生命机能、生态要求和人类能力的支持程度，而最重要的是，如何保护物种的延续。这是一个人类学的标准”。[1]

在凯文·林奇的城市形态中，体现生存活力的主要内容是：

(1)延续性：对于空气、水、食物能源、废弃物的适当生产和处理。

(2)安全性：对环境中有毒物质、疾病、灾害的防止。

(3)和谐性：环境和人类需求的温度、生理节奏、感受、人体功能等相互协调的程度。

(4)健康性：保证与人类息息相关的其他生物物种的健康并维持其多样化，以及现在与未来整个生态系统的稳定。

伊恩·本特利的城市“活力”

在《建筑环境共鸣设计》(伊恩·本特利等著)中，“活力”一词被表述为“影响着一个既定场所(图4-2)，容纳不同功能的多样化程度之特性”。“能够适应多种不同用途的场所提供给使用者的选择机会比那些只限制他们于单一固定功能的场所要多。能够提供这种选择机会的环境具有一种我们称为活力的特性。”

简·雅各布斯的城市“活力”

简·雅各布斯在《美国大城市的生与死》一书中，从城市街道入手进行研究，认为正是具有人与人活动及生活场所相互交织的过程，这种城市生活的多样性，使城市获得了活力(图4-3)。

图4-2 具有活力的场所
在《建筑环境共鸣设计》中，"活力"一词被表述为：影响着一个既定场所，容纳不同功能的多样化程度之特性

城市"活力"

城市活力指城市旺盛的生命力，即城市提供市民人性化生存的能力。笔者将活力译为"Vitality"，是从生命状态向度所进行的描述，是对生命体的一种概括。

首先，城市作为生命体是城市应该具有活力的前提。城市作为生命体，就是将城市作为人类活动的形式模拟生命的机制。城市的有机状态是城市具有旺盛生命力的基础，活力是针对生命体所特有的新陈代谢节奏、有机组织形式等的旺盛程度的一种描述。

城市的本质是人的聚集，因聚集而产生交往与交易的需要，因而有了市与市井生活；这些都是产生活力的动因，而正因为城市是人的聚集而具有了生命体特征，城市是否是生命体是城市是否应该具有活力的前提；因为城市只有作为生命体，才谈得上城市生命力的旺盛程度，对一个纯粹物质的城市聚集体则没有谈论活力的前提。

其次，城市生活是城市活力的基础。城市生活是城市活力研究的基础，而城市生活本身具有活跃和蓬勃发展的力量。

亨利·列斐伏尔曾经说过："我们无法抓住人的真实。我们看不到他们就在卑微、熟悉、日常的事物中。我们对人的找寻把我们带得太远、太深。我们在云端寻找，我们在神秘中寻找，其实它就在那儿等着我们，从四面八方将我们包围。"正是这种日常生活可知可感的细枝末节，对每一个生活在城市中的人具有非同寻常的意义（图4-4）。列斐伏尔的日常生活视野是城市活力营造的切入点；正是日常生活所具有的创造性、日常生活的丰富性产生了城市活力。只有直面城市日常生活，我们才能营造出为人而不是为物的具有活力的城市。城市生活包括经济生活、社会生活、文化生活。

再次，城市不断发展是城市旺盛生命力可持续的保证。因为旺盛的生命力既是对城市状态的描述，更是对城市过程的概括，城市只有在不断发展的状态中才可保持持续旺盛的生命力。"人类社会发展的强大活力是决定城市形式的关键因素"，[2]而城市不断发展依靠城市建设、城市开发。城市开发是激发和保持城市活力的动力之一。

图4-3 欧洲某城市商业街
充满日常生活的街道是城市获得活力的主要方式。

图4-4 能够提供多种活动的公共空间

注 释:

[1]凯文·林奇. 城市形态.林庆怡, 陈朝晖, 邓华译.北京: 华夏出版社, 2001.
[2]刘易斯·芒福德. 城市发展史——起源、演变与前景.宋俊岭, 倪文彦译.北京: 中国建筑工业出版社, 2005.

图片来源:

图4-1 都市设计准则项目示意图
廖世璋. 都市设计应用理论与设计原理. 台北: 詹氏书局, 1998
图4-2具有活力的场所
伊恩·本特利等著.建筑环境共鸣设计[纪晓海.高颖].大连: 大连理工大学出版社, 2002.2
图4-3欧洲某城市商业街
网络下载http://gb.travel.sina.com/news/spot/2003-08-28/02142895.html
图4-4能够提供多种活动的公共空间
网络下载http://bbs.pcbeta.com/thread-69094-8-1.html

城市·生命体

City·Life

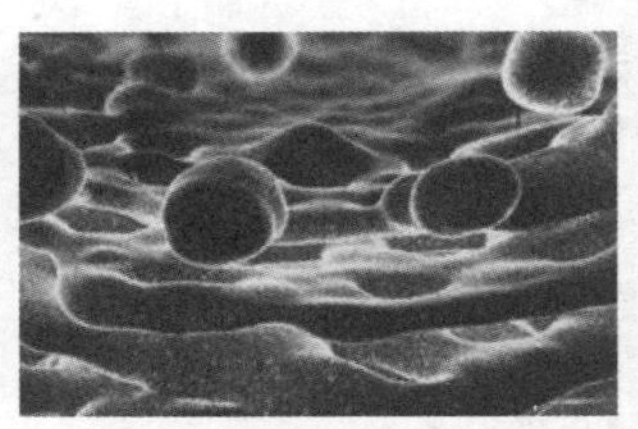

图4-5 人体组织微观形态

伊利尔·沙里宁指出“城镇建设——利用城市设计的过程，是要使城市社区得到有机的秩序，并且，在这些社区发展时使有机秩序保持其生机，这种过程基本上同自然界任何活的有机体的生长过程相似。那么，我们完全可以依照对一般的有机生命的原则进行研究”。[1]

沙里宁将城市视为类同于植物的有机体，而城市作为人的生活场以及人的聚落，应该更具有趋同于人的生命体的特质(图4-5)。

虽然我们知道城市作为生命体肯定有非常具体的规则，但目前我们系统完整地理解和描述这种不断出现的有机体的生活、发展和结构形态的内在法则的能力仍然极其有限。目前，我们可对城市作为生命体的某些显性特征作一些归纳。

新陈代谢节奏

城市作为一个进行物质和能量交换的开放系统，保持类生命的机体结构。随着城市功能的不断复杂化，城市对物质和能量交换速度和效率不断提高，这是一种生命过程的表现，一种新陈代谢特征。

帕特里克·格迪斯(Patrick Geddes)指出：“城市的演变不是表现在一栋建筑上，而是反映在城市境况的多层次沉积以及无数生活迹象的不断变化之中，有的看上去简单，有的复杂，几乎天天都在变化。”[2]

城市新陈代谢的节奏是由1天24小时、星期和季节这三种节奏构成的。它们分为“外因性节奏”和“内因性节奏”，所谓“外因性节奏”是指由外环境规制的节奏；而“内因性节奏”则是生命体内本质上存在着的节奏。[3]

人类昼夜节奏属于内因性节奏，以人类24小时节奏作为基准的城市结构，是城市作为生命体的基本节奏。

而像星期节奏、月节奏、年节奏这样的节奏，因其是来自于历史习惯的社会规则，属于“外因性节奏”。法国社会学家卡伍雅克在划分一代人时，以“经历过某事件仍然活着的人数，相对该事件发生后出生的人的数量超过半数时，所需要经过的时间为基准”，[4]提出了所谓30年节奏的观点。

人类的生活形态有几个关键点，那就是25岁、60岁、85岁。从这些关键点出发，针对这种生理上的节奏，黑川纪章将“25～30年作为基本生活空间(居住空间等)的新陈代谢节奏”。

秋天树叶枯萎脱落，春天发出新芽。城市结构就像树木那样有不断变化和不断被替代的部分，以及耐用年限相当长的部分。如城市设施(给排水、电气、煤气、管道设施等)、机动车道在相对较短的循环内被更换，而生活空间、散步道则拥有较长的寿命。在城市新陈代谢的节奏中，存在着这样一种结构性节奏。

有机组织形式

众所周知，人在出生时，体内就有另外千百万个生命以各种方式潜入人体，被称之为病毒或细菌。它们有的有助于人体肠道消化，有的给人体带来疾病。既有对人体有害的细菌，也有对人体有益的细菌，生物在与众多其他生命的共生中获得生存。

J·D帕纳勒认为：为了将新陈代谢的循环统合为一个有机体，还必须要有将它们联系起来的联结键。"生物系统的物质表面就是一种机械骨架的联结器件。它的特殊功能就是经营能量的交换，由酵素促进的能量的转变形成新陈代谢。"[5]

比如，人类"步行"的节奏借助于汽车而转向"奔跑"的速度。为了适应这一变化，城市停车场和交通干道等设施已变得不可缺少，这些设施就是联结键。而人们的节日集会，使公共广场成为必需，这种广场也是一种联结键。在城市结构中，包含着人类社会的各种信息与能量通过联结键而转递。

城市作为人的聚集，是生命体的一种聚集形式，具有生命体的有机组织形式（图4-6）。城市的各个部分之间彼此关联，通过形成有机组织，展现出生命体的特质。

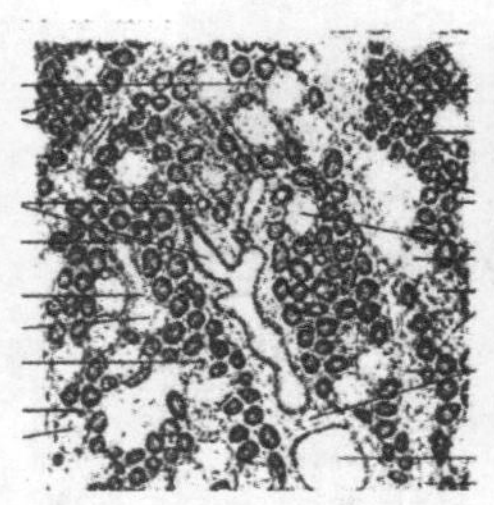
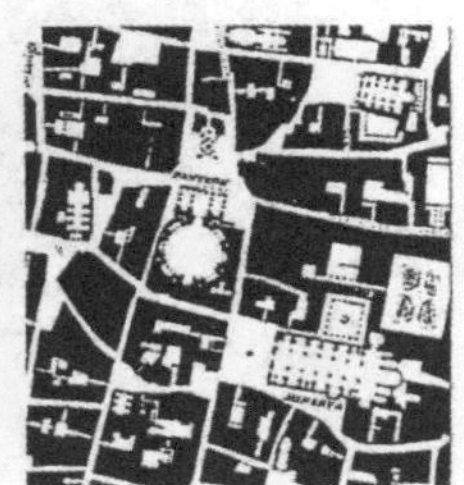

图4-6 细胞组织与城市空间结构

注　释：

[1]伊利尔·沙里宁．城市——它的发展、衰败与未来．顾启源译．北京：中国建筑工业出版社，1986．

[2]洪亮平．城市设计历程．北京：中国建筑工业出版社，2002：114．

[3]黑川纪章．城市设计的思想与手法．覃力，范衍顺，徐慧，吴再兴译．北京：中国建筑工业出版社，2004．

[4]黑川纪章．城市设计的思想与手法．覃力，范衍顺，徐慧，吴再兴译．北京：中国建筑工业出版社，2004．

[5]黑川纪章．城市设计的思想与手法．覃力，范衍顺，徐慧，吴再兴译．北京：中国建筑工业出版社，2004．

图片来源：

图4-5人体组织微观形态

网络下载http://sci.ce.cn/discovery/life/200802/28/W020080228437912109988.jpg

图4-6细胞组织与城市空间结构

田实．步入21世纪的城市设计——生命化城市设计的探索．北京工业大学硕士学位论文，2001：20～28．

城市中庭

City Atrium

图4-7 亚特兰大的波特曼酒店中庭

中庭（Atrium）是一种古老的建筑空间形态，而当代城市中庭是建筑中庭与城市广场的融合，是内部空间与外部空间渗透与交流的物化形式，是一种新型的建筑与城市交融的公共空间；它可视作微观意义上的城市生活舞台，它弘扬的是一种共享文化，一种集各种功能于一体的共享空间。

城市中庭形式多样而灵活，从建筑布局中的位置及空间导向角度，其类型主要可划分为三种：

（1）向心内庭　中庭的四边嵌入到建筑的体量中，作为建筑的内部空间，中心感较强，与外部空间联系相对较弱，是一种最为常见的形式。

（2）外向边庭　当构成中庭边界的界面大部向外开敞时，（如三边开敞）中庭空间就演变成了外向型空间。其内和外的界限已不明显，是一种与城市空间渗透交融的形式。

（3）通廊式中庭　是一种条状中庭空间，空间的导向感较强，往往是裙房建筑与主体建筑之间的联系体，也是一种与城市空间衔接的组合形式。

中庭与公共生活

现代中庭共享空间的开放性和公共性使其空间具有流动性，引入自然光线、绿化、水池、喷泉、雕塑等室外要素使空间充满生机，而活动其间的人及敞开式设置的透明电梯、自动扶梯等，更使共享空间充满动感。

在中庭发展史上，约翰·波特曼对现代中庭空间的产生作出了巨大贡献，波特曼将建筑视为一种社会艺术，他把秩序、运动、自然、光、材料等，以共享空间的形式结合在一起，营造出激动人心和富有戏剧气氛的场所，使之成为城市生活之舞台（图4–7）。在约翰·波特曼设计的旧金山海亚特摄政旅馆中庭中，自动扶梯交叉往返，玻璃电梯上下穿梭，来往的人群、虚幻的倒影、华丽的喷泉，这一切使中庭充满了强烈的动感（图4–8）。在其中，人既是观众又是演员，或"以静观动"或"以动观静"。正如诗人卞之琳《断章》中的诗句："你在桥上看风景，看风景的人在楼上看你，明月装饰了你的窗子，你装饰了别人的梦。"诗的意境讲的就是人看人，你中有我，我中有你的共享空间。

图4–8 旧金山海亚特摄政旅馆中庭

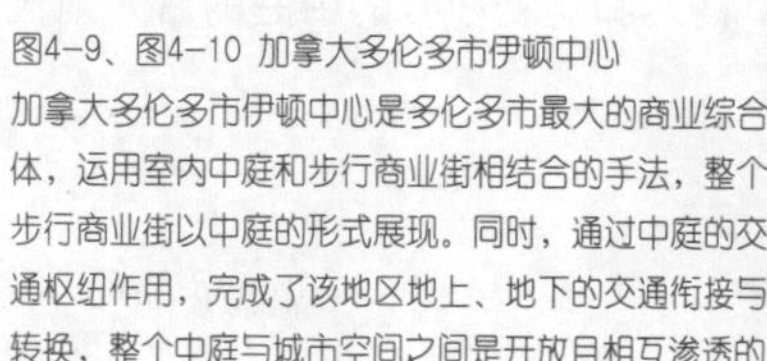
图4-9、图4-10 加拿大多伦多市伊顿中心
加拿大多伦多市伊顿中心是多伦多市最大的商业综合体，运用室内中庭和步行商业街相结合的手法，整个步行商业街以中庭的形式展现。同时，通过中庭的交通枢纽作用，完成了该地区地上、地下的交通衔接与转换，整个中庭与城市空间之间是开放且相互渗透的

中庭作为交通枢纽

中庭作为建筑中的交通枢纽，通过电梯、自动扶梯等交通工具以及开敞式景观楼梯迅速疏散人流，与城市步行系统相结合，形成与城市相衔接的开放性公共空间（图 4–9、图 4–10）。

中庭作为城市中的交通枢纽，与城市轨道交通衔接，大量人流在室内进行有效疏导，一方面满足了城市交通的需求，另一方面也给建筑带来了宝贵的人气。

作为室内街道的中庭

室内步行街早在 19 世纪就出现在意大利和法国，其形式基本上是室外街道的延伸：地面为石材铺装，商店立面与室外的造型一样，只有玻璃顶罩界定出室内空间的概念。当今的室内城市街道或室内城市广场概念有了大拓发展，城市公共空间室内化趋向的形态表达就是城市中庭。

城市中庭界面不像室外城市空间那样内外分明，中庭和周围空间有更多的交融，往往成为城市综合体的良好中介和枢纽，营造出全天候公共活动空间，成为其空间中心。

图4-11 美国休士顿购物中心

作为购物中心的中庭

环绕一个大的高顶空间建造一个几层楼的购物中心形态已在全世界流行。设计者往往利用城市中庭创造一个充满生机的聚集地，一个具有公共城市环境的场所，在其中有旧世界的街景、日用品商店、"路边"咖啡馆、树木、喷水池、长椅等（图4–11）。戴维·戈斯林在《美国城市设计》中认为，"剧场和美术馆代表城市的文化，商店和购物中心的中庭的活力则代表城市的活力能量"。

图片来源：

图4–7亚特兰大的波特曼酒店中庭
网络下载http://www.portmanusa.com
图4–8旧金山海亚特摄政旅馆中庭
网络下载http://www.portmanusa.com
图4–9加拿大多伦多市伊顿中心
网络下载http://www.ddyuanlin.com/photo/v46623.html
图4–10加拿大多伦多市伊顿中心
网络下载http://www.ddyuanlin.com/photo/v46623.html
图4–11美国休士顿购物中心
网络下载http://www.ddyuanlin.com/photo/v46823.html

城市综合体

City Complex

图4-12 日本九洲转运站

城市建筑并不是单独存在的，而是处于环境之中。"在某种积极的环境秩序中，某些建筑在相邻建筑和所处环境的激发下出现比自身功能更大的功效职能，可称之为激发功能。激发功能是相邻建筑功能相互作用的结果，职能的相互交叠，使建筑功能有较大的职能兼容性，这种功能互动带来了'整体大于部分之和'的集聚效应"。功能单元的集聚交叉使建筑自发功能转向激发功能，并在此过程中不断产生新功能。20世纪60年代起各种城市综合体在欧美城市复兴运动的出现和发展，正是建筑功能相关机制的外在空间形态表现。城市综合体的出现正是利用了多种功能的连接或复合所带来的集聚效应。

城市综合体是指将城市中商业、办公、居住、旅店、展览、餐饮、会议、文娱、交通等城市生活空间的多项以上进行组合，并在各部分间建立一种相互依存、相互助益的能动关系，从而形成一个多功能、高效率、复杂而统一的综合体，不同于建筑综合体概念（图4-12）。

交混的作用

城市作为一个有机体，其内部存在着各部分彼此错综复杂的相依性，具体的表现就是城市生活的多功能交叠。城市综合体为城市生活功能提供了一个交混的空间。居住、办公、购物、饮食以及消遣娱乐等城市生活的各要素以一种新的空间秩序出现在这个交混空间中，并互相促进；商业零售的设置为办公人员提供了方便，而办公人员的经常性消费又为零售增加了赢利，办公为旅店带来了客源，旅店的设置为办公的来访者提供了

图4-13 美国波士顿罗斯码头滨水景观

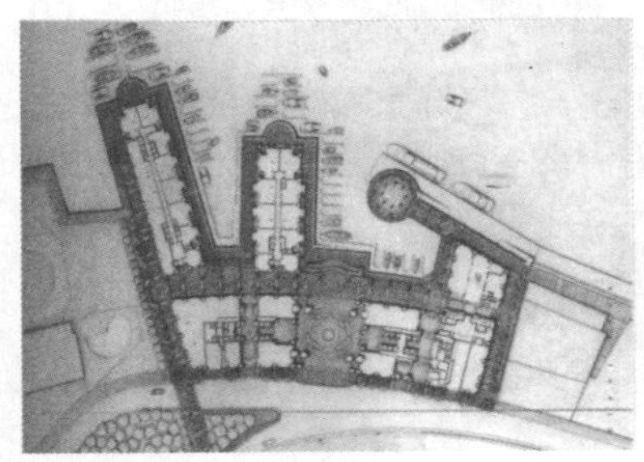
图4-14 美国波士顿罗斯码头改造规划平面

下塌地，旅店为商业零售增加了赢利，商业零售的发达又为旅店带来了客源。

城市综合体在共生、互利的前提下，实现了多功能的综合，当城市生活需求发生变化时具有自我调整能力，是一种与城市交融而同时自身具有活力的形式。综合体中各种功能互为裨益，提供对方发展的潜力，反过来促进自身的增长，从而使综合体获得良好的经济效益。同时，综合体内各种功能互为补充，整幢建筑可以在一定范围内实现自给、自足，形成"城中城"的经营与生存方式。

由于城市综合体的功能组成复杂，从而具备多层次的社会触点，因而其发展就能较好把握社会需求变化的脉搏。当社会条件的变化导致其平衡系统破坏，综合体将进行自我调整以适应新的要求；当综合体处于运行良好的情况下，其各部分的发展潜力就会大大增强，并能突破旧有平衡促进综合体进一步扩充与增长。

美国波士顿罗斯（Rowes）码头综合体（SOM设计）（图4-13、图4-14），将原有码头仓储用地转换成为金融高级旅馆、住宅、办公楼、零售商业为一体的综合功能。该综合体的自我调整能力极强，是一个开放性的提供多样化生活及服务的再开发项目，该项目对于聚集人气、激发该地区活力起到了关键性作用。

城市综合体以功能协同、空间紧凑、抗风险能力强为特点，表现出极大的生命力和充沛的发展潜能，如曼哈顿的洛克菲勒中心、东京的阳光城、北京的国贸中心等。多元综合已成为当今城市空间发展的大趋势之一，综合体内部多种功能间相互平衡、相互激发，提供更多的服务内容，为更多的对象服务，使环境产生巨大聚合力，是社会生活的积极媒介。

三维形态

综合的理解通常包括两个方面：一类综合是数量与种类上的积累，这种综合不构成新系统，局部增减无关整体大局；另一类综合则是各组成部分之间的优化组合，并共同存在于一个有机系统之中。因此，城市综合体在发展的过程中，呈现出多维空间的生长模式（图4-15）。

竖向空间的发展

当代城市中的各种不同功能高度集中，导致土地紧缺、空间无序、交通拥挤。人们用传统形态方式解决城市中出现的这些新问题时往往感到力不从心。人们在实践中发现，竖向发展综合体有利于解决种种复杂的城市问题，一些高层建筑是典型的竖向发展综合体，具有城市公共空间的特征。通过用电梯联系，使人在垂直方向上的活动空间大大延展。这种改变在城市空间发展史上具有突破性，人的工作、学习、居住、娱乐等活动均在整幢建筑内完成，从而形成“立体街区”模式（图 4–16）。

在现代城市中，竖向发展综合体的功能就像一个微型的城市，伴随而来的是一些城市空间也进入室内，巨大的室内部分代替了城市公共开放空间的功能，建筑因而具有城市容器的特征。竖向发展综合体要想成为城市的有机组成部分，就必须与外部城市空间产生多方面交融，成为城市空间的一个连续部分，否则就会产生“堡垒效应”的作用，对城市的丰富多样性不能作出应有的贡献。

图4–17 长沙市天英城综合体鸟瞰

图4–15 东京国际展示中心

东京国际展示中心是与都市空间融合在一起的城市综合体，通过将功能性、非日常化的东西日常化，使都市生活与其环境连接起来，将该中心作为城市设施而向市民开放。通过创造人与海进行生活交往的都市空间以及提供综合性服务，比如设置飘浮的空中眺望空间、临海活动平台以及通过底层架空及下沉形成的市民活动场所，营造出庆典性城市公园般充满活力的环境

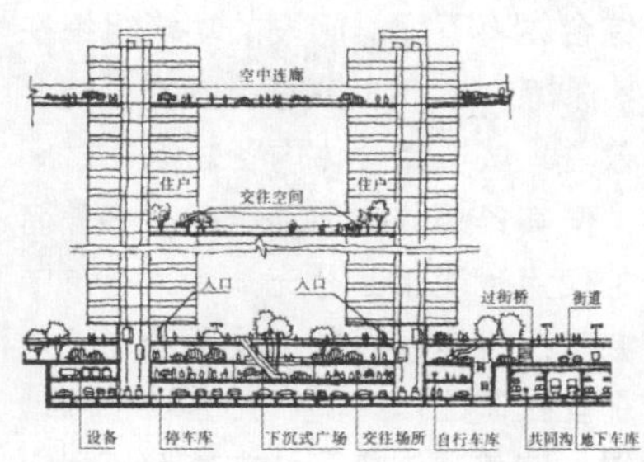

图4–16 “立体街区”组合

横向空间的拓展

横向发展综合体在职能上表现为城市功能与建筑功能相互接纳和紧密联系，在空间形态上表现为城市公共空间与建筑内部空间立体交叉叠合、横向发展、有机串接，是城市领域和建筑领域间的一种“中间领域”（In–between Place），使得个体与社会、建筑与城市的相互作用和契合得以发生，从而通过激发效应催生城市活力。

横向发展综合体首先是一种很宽泛的设计形态，在这里，建设规模并非是判断的必要依据。作为客体对象的横向发展综合体与其所处的城市区位有着某种自然的联系，如在城市中心区、亚中心区、城市功能区块结合部，城市交通门户地段或是市内各种交通换乘枢纽地段等，这种横向发展的设计形态将会频繁地出现。

长沙市天英城（图 4–17，图 4–18），位于长沙市中心区，跨越四条道路，是集商业、

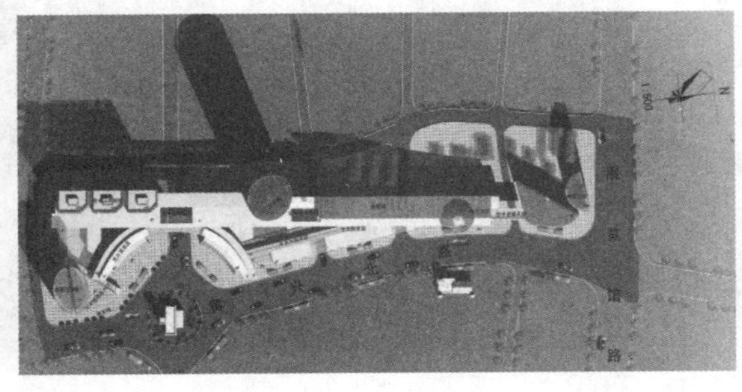

图4-18 长沙天英城综合体总平面

·点式高层酒店、板式高层公寓置于地段南侧，西向中山路口布置主力百货店；

·超高层办公、公寓综合楼置于用地中部，沿黄兴北路布置步行街店铺，二层设半主力百货店，中庭地下一层设溜冰场；

·用地南部设主力百货店、高层公寓；

·在南北延伸的直线形主轴体块四～八层设置中高档餐厅、动感影院、运动健身广场等综合娱乐休闲设施，尤其180m长的空中滑雪道横跨三个街区，使商业氛围不再局限于一、二层，城市空中价值得以利用；

·地下一、二层设置大型停车场

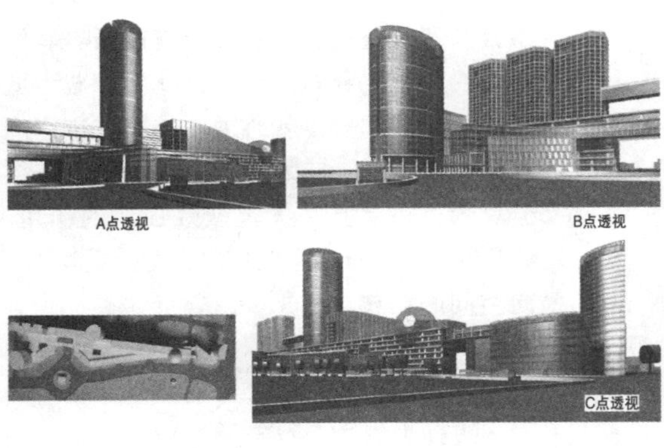

图4-19 长沙天英城综合体局部透视

该方案形成了600m长的室内步行街，该街由室内中庭广场等加以组合，并与黄兴路垂直的4条道路相互穿插渗透，共同组成全天候网络化的步行购物空间。这种不同商业业态形式的融合，以及居住、办公、酒店等的综合配置，更加上180m长的空中滑雪道、动感影院等娱乐设施，使该城市综合体成为24小时都具有不间断城市生活的城中城

办公、居住、娱乐于一体的大型城市综合体。该项目通过多功能的复合并置，力图营造一个室外空间室内化，供市民全天候购物生活的城中城。

因为黄兴北路不同于黄兴南路，是一条快速干道，因而该综合体形成的是一条连续内向型的室内步行街；该地段内有3条次要城市道路穿越，并有一条重要的城市道路——中山路穿过，为了保持购物生活的全天候以及步行购物的连续性，该项目设计了横跨4个街区的空中连廊，使由历史形成的、不适应现代大尺度空间的城市碎片地段得以整合，同时一层局部架空以与原有道路、街区有机衔接，延续了城市原有肌理。

全时性

城市综合体将不同时间段的功能组织在一起，使其保持24小时的繁荣，提高了综合体的使用效益。城市综合体内各功能在时间上的衔接，使其各部分的活动组织有序，而且各部分的使用也能相互补充。尤其在市中心地区，城市综合体将居住、娱乐活动注入其中，使那些在非工作时间“死去”了的地区的功能得到完善，恢复了城市繁荣，因全时性而带来活力（图4-19）。

交通枢纽综合体—— 一种新样式

城市综合体内部往往形成完整的交通流线，同时这一内部交通流线又与城市街道、地铁、停车场、市内交通等设施有机联系。这些城市动线（如步道、地铁等）进入综合体，产生了内外贯通的有机连接，使得城市综合体具有开放性的交通系统形态（图4-20、图4-21）。

交通枢纽综合体是组织各种交通方式的枢纽，承载了多种交通方式于一处，体现了城市竞争力的高效运转效率。当代城市交通流量的不断增长和交通工具的多样化与土地有限资源的矛盾促发了城市交通的立体化，地面交通、地下交通、高架交通、人车分流结成一张立体的交通网络，快线交通和慢线交通的转换，机动车流、停车场（库）与人行步道的转合，交通换乘系统的建立成为现代城市功能组织的关键环节。其不仅在有限的场地内解决了内部各种车辆的流线组织，以及与外部各种交通系统和周边道路的衔接问题，更是改善了该地区的整体交通环境。

当前，空中、地面、地下以及轮渡在内的综合性客运交通出现互相配合补充的趋势，机场、铁路、地铁、汽车客运站一体化的综合性换乘中心正是顺应了这一趋势。这种把多种交通组织在一起的大型换乘中心，衔接了城市之间的交通和城市内部的交通。由此，两种或更多种交通方式之间的转换界面具有了战略意义：飞机与火车，产生了机场与火车站之间的衔接；火车与公共汽车，产生了火车站与公共汽车站之间的衔接；轨道交通和小汽车，产生了停车换乘设施与轨道交通

图4-20 九龙交通城剖面模型

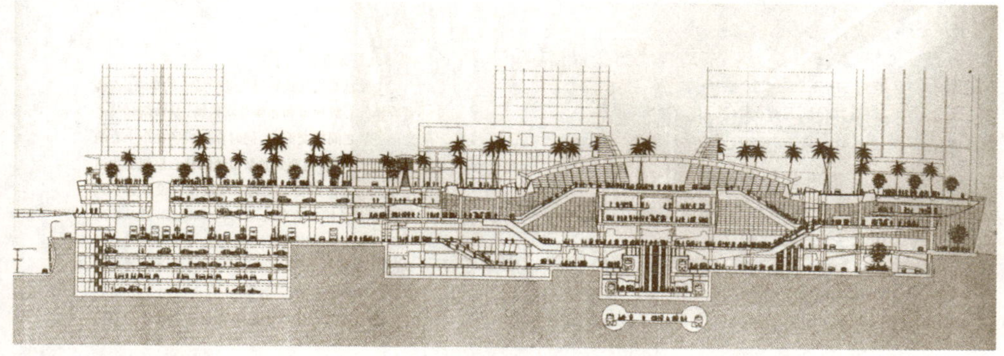

图4-21 九龙交通城剖面图

图4-22 莱特车站(Lehrter Station)，柏林

站点之间的衔接。这种衔接的目的就是让使用者更加便捷地从一种交通工具向另外一种交通工具转换（图 4-22）。

城市交通枢纽综合体还很容易成为极具吸引力的商务综合中心，因为便捷的交通、大量的客流会带来商业餐饮业的消费需求，而综合办公、会展、酒店等功能空间也因交通枢纽的特殊优势而极具发展开发潜力。国际上许多大都市的交通枢纽综合体均已成商务活动非常活跃的城市副中心。例如，巴黎德方斯新区内建成了欧洲最大公交换乘中心，RER 高速地铁、1 号地铁、2 号地铁、14 号高速公路等在此交会，满足了建设一个高效率的现代化贸易中心的要求。

现在我们所关心的应该不仅仅是速度，而是整个交通空间的环境质量，使其成为交流的场所，让人们每天的出行都成为一种令人兴奋和激动的愉悦体验。

图片来源：

图4-12日本九洲转运站
韩冬青，冯金龙．城市·建筑一体化设计．南京：东南大学出版社，1999.
图4-13美国波士顿罗斯滨水景观
世界建筑，2003.(6).
图4-14美国波士顿罗斯码头改造规划平面
世界建筑，2003.(6).
图4-15东京国际展示中心
网络下载http://images.google.cn
图4-16“立体街区”组合
齐康．城市建筑．南京：东南大学出版社，2001.
图4-17长沙市天英城综合体鸟瞰
图4-18长沙天英城综合体总平面
图4-19长沙天英城综合体局部透视
图4-20九龙交通城剖面模型
韩冬青，冯金龙．城市·建筑一体化设计．南京：东南大学出版社，1999.
图4-21九龙交通城剖面图
韩冬青，冯金龙．城市·建筑一体化设计．南京：东南大学出版社，1999.
图4-22莱特车站(Lehrter Station)，柏林
网络下载http://www.arch21.org/A210802.html

联合开发

Co-development

图4-23 藏珑社区、月湖公园联合开发效果图——日出印象

联合开发概念

联合开发主要有两方面含义：不同功能的联合，如城市交通与商业地产的联合；不同投资渠道的联合，如公共与私人合作的开发。两类联合开发常常是相互渗透、交织的。

不同功能组合的联合开发是一种重要的联合开发形式，美国城市土地协会为这种联合开发（MXD）下的定义为[1]：①至少使用三种主要营利手段，如零售、办公室、居住、旅馆以及游乐区——必须规划良好且互相辅助；②各部分在功能及实体上结合良好及土地高密度使用（图4–23）。

城市建设的多元化投资渠道应包括：政府公共投资和私人投资，以及政府与私人合作投资等众多形式。政府与私人合作投资即称为公私联合开发。公私联合开发不仅表现在开发形式上，更体现在资金渠道上。

• 不同功能组合的联合开发

联合开发作为结合运输投资和城市经济中因服务业成长所带来机会的重要媒介，具有提高中心城市与交通系统效率的重要功能。

• 结合大运量交通的混合开发

结合大运量交通的混合开发涉及来自公、私各不同团体的行为，很可能由一个或数个政府公共部门掌控。使用运输系统的人口数量庞大，与运输车站的混合开发为功能集中及多样化提供了绝佳的机会。从区域角度看，运输路线和车站位置的设置必须与大城市政策相匹配，混合开发才能够为大城市中心的高密度使用提供一定的机会（图4–24、图4–25）。

实践表明，与大运量交通结合的开发可以创造特殊的相乘效果，为公共部门和私人开发商带来佳绩，这种联合往往为我们的城

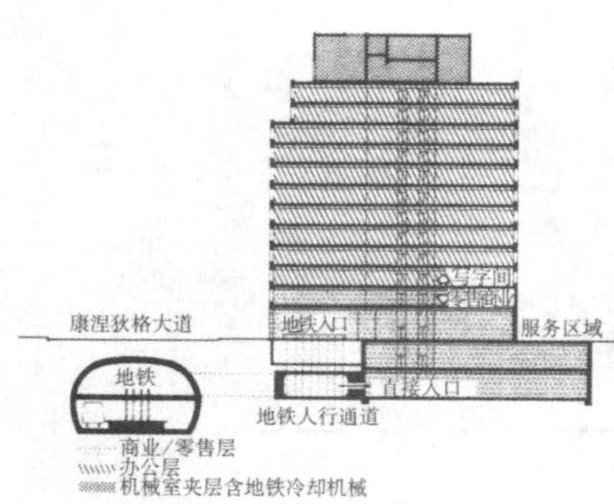

图4-24 华盛顿1101康涅狄格大道剖面图
华盛顿特区与地铁车站在地下连接，使得一般可供零售商业使用的楼层数由二层增加为四层

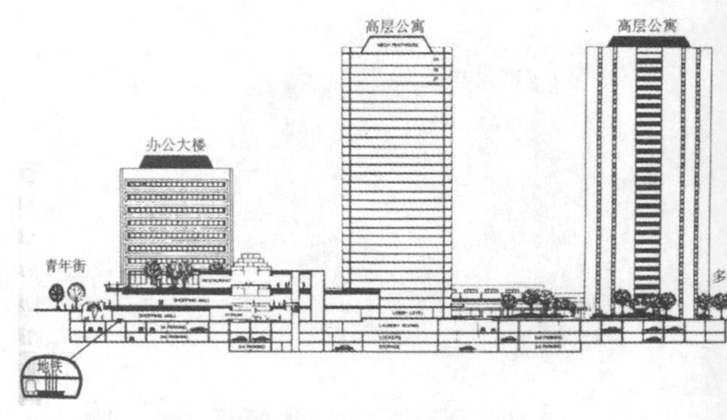

图4-25 多伦多谢泼中心剖面图
作为混合用途的工程，包括办公室、公寓及零售区。从地铁可经出入口直接到达购物中心

市创造福祉。

• 公交导向的住区开发（TOD 模式）

TOD 模式是一种以公共交通站点枢纽结合商业服务和其他公共活动场所，以步行距离为半径的居住单元为基础，以公共交通线路为纽带组织居住生活用地的模式。利用 TOD 模式可以创造更好的生活、工作和休闲活动综合性场所；实现更高的公交系统使用量；通过增加步行时间以缓解生活压力；同时因步行交通量的提高而增加地区商业顾客。

联合开发与社会活力

功能混合可以在一定的空间范围内相互补充，让使用者迅速接触到不同的城市资源，防止城市因为功能过度单一而陷入衰退，充分地提高城市运转效率，从而提高城市的活力。因此，结合大运量交通的混合开发对于提高城市运转效率具有重要意义：首先，轨道交通和城市土地的混合开发可以高效地利用城市土地，充分地利用了轨道交通带来的土地升值作用；其次，轨道交通和居住功能的有效结合可以方便居民的通勤，从而总体上提高了城市的运转效率（图 4–26）。

• 不同投资渠道的联合开发

简·雅各布斯曾指出，复杂的城市多样性实际上是建立在经济关系上的。乔纳森·巴纳特在 1982 年的《都市设计概论》中也指出："一般人常常认为造成都市问题的原因在于缺乏财源。但往往我们花钱的方式，才是造成都市问题的根由"。因而在城市开发中应采取多种投资模式，在城市设计中灵活运用所各种资金筹集手段。

• 不同规模投资的优劣

C·亚历山大在 1975 年的《俄勒冈实验》中分析了单一大规模投资的坏处。他认为传统总图式规划中的投资机制是将所有投资投入一个单一大规模项目，而其他建筑或建成区因为得不到新投资而衰落。他因此提出应提高小规模投资项目在投资项目总体中的比例，使之呈现出规模多样化的联合开发格局。

多种小规模投资项目可以产生城市多样性。亚历山大提倡"零散式发展"，以保证城市多样性的产生。小规模投资项目具有适应性强的特征，这是一个动态适应性的形成过程。小规模投资项目还具有良好的时效性，有利于及时解决具体问题，防止不良后果蔓延。

由于只注重经济利益，目前中国各大城市大多运用大规模开发的投资方式，不利于小规模元素生存。我们应在城市设计中针对性也鼓励小规模的投资方式，从而激发城市多样性。

• 大、中、小规模投资相结合

C·亚历山大在《城市设计新理论》中认为城市的发展必须“能够保证在一个综合发展过程中，大中小型项目能够均衡运行”。这种投资规模的多样化往往形成开发规模和城市空间及功能的多样化。

在当前的城市建设和投资体制下，大规模的投资方式在处理一些大规模城市建设问题时，仍有小规模投资不可替代的优势，例如在市政设施和公共环境改善等方面。因此在重视小规模投资项目的基础上，还需要与较大规模的投资项目进行有机结合。

投资规模大、中、小相结合的主要表现形式：城市各种建设活动的大规模投资与小规模投资相混合，并且使小规模投资项目的比例远高于大规模投资项目；在同一建设项目中形成投资规模的多样化格局。

联合开发与经济活力

不同投资渠道的联合开发是作为不同开发主体之间的联合，公私联合开发既存在公共开发与商业开发之间的平衡又可减少各方的投资风险。对增进城市经济活力而言，公私之间的联合开发是十分有益的，往往可以既顾及私人利益又可以带动城市发展，因而在欧美已比较普遍。中国的政治体制和经济体制在公私联合开发方面有比西方国家更强的实施优势。

我国联合开发状况

我国土地制度已逐步从完全计划模式变为国家主导下的市场机制，城市开发类型已与西方主要国家的开发类型有相似之处。但目前我国城市开发形式还处于政府导控下的以市场开发为主的阶段，公共与私人联合开发的模式还不多见；政府对民间资本开发的约束作用和对公私部门利益的协调作用还较弱。在联合开发方面，各城市的地铁、轻轨站与城市土地综合开发还没有产生关联与互动。

这反映出我国城市各投资主体之间、主管部门之间条块分割、联合意识不强，城市管理部门也对联合开发的组合效应没有足够

图4-26 藏珑社区、月湖公园——联合开发总体效果图
社区与公园的联合开发，既为公共开发带来先行投资，释放周边地块经济潜力，促进开发，也给公园带来人气。同时，社区开发也获得了公园水资源和公共开放空间资源的独特区位价值

的认识，也就没有进行运用城市设计将各不同城市要素加以整合的思考，城市往往处于各自片断化的、独善其身的低质、低效的运转之中。

虽然中国城市建设投资主体多元化格局已经形成，但对投资规模并没有一个有效的控制机制，城市政府对投资规模的大、中、小多元化结合对城市活力建构的作用没有充分认识，城市形态因而常常显示出无序和混乱状态，我们不仅应研究通过城市设计如何吸引多样化投资来实施城市设计项目并反映社会多元化利益，更应对多元的投资规模加以有效组合，以使城市更具多样化、多层次的活力。

注　释：

[1]美国城市土地协会.联合开发——房地产开发与交通的结合．郭颖译．北京：中国建筑工业出版社，2003.

图片来源：

图4-23藏珑社区、月湖公园联合开发效果图——日出印象(设计：蒋涤非、李进)
图4-24华盛顿1101康涅狄格大道剖面图
美国城市土地协会.联合开发——房地产开发与交通的结合．郭颖译．北京：中国建筑工业出版社，2003.
图4-25 多伦多谢泼中心剖面图
美国城市土地协会，联合开发——房地产开发与交通的结合.郭颖译.北京：中国建筑工业出版社，2003.
图4-26藏珑社区、月湖公园——联合开发总体效果图(设计：蒋涤非、李进)

街道

Street

图4-27 英国牛津大街，一条商业街，人车混流

街道是城市的表情："如果一个城市的街道充满趣味性，那么城市也会很有趣；如果城市街道看上去是很觉闷，那么城市也必定是沉闷的"（简·雅各布斯）。街道及其两边的人行道是城市市民日常生活的主要器官。街道作为公共开放场所，不仅仅可供日常进出，同时也是城市社交表现的舞台。

人车交混的街道

街道首先要满足交通功能，街道主要应作为联系的交通通道，这种交通方式主要是车行与人行交通。

"行人和车辆的隔离是一种树形结构，不符合城市半网络结构模式，这种隔离在减少行人危险性的同时，也相应地减少了各自的弹性"（C·亚历山大）。比如，出租汽车只有在步行者和车辆没有严格分离时才能起作用，出租车希望在大的范围内迅速找到顾客，行人则希望随地招手即有出租汽车出现。步行系统和车行系统需要有适当的交叠方式，达到效率、安全之间的平衡。另外，所谓车辆不仅包括机动车，也包括非机动车辆，如自行车等。自行车作为一种传统代步工具，不仅其自身设计在不断发展，更是结合环保动力使其现在又成为当代人重新宠爱的便捷、健康的生活工具。

市中心开发最密集的街区，高峰时段中的车辆交通造成了拥挤的街道环境，必然大大减弱了街上行人活动的连续性和步行经验的品质，因而在车辆进出道路和停车系统的协调管理上应特别注意，以确保核心街区具有一套密集、综合并以行人活动为取向的开发模式，即人车行相平衡的街区。

让行人和车辆共用街道，并在两者之间建立一个恰当的平衡，比利用步行区、空中走道或地下通道等方式将行人和车辆完全分开显得更具有现代的高效性。

想要成功地创造一个市中心，使它能够吸引一个密集而又多样性的土地使用组合，并在这些使用之间培养经济的交流互动，必须保证有车辆的通行，同时又必须鼓励人们以步行的方式在中心区内穿梭流动。而主要商业街道作为零售商业最集中的地方，应是以行人活动为导向的购物街。这些主要商业大街应在街面层保证行人与车辆交通共用路权(Rights of Way)(图4-27)。在街面层建立人车交融的联系网络，是最实际也是最有效的做法。应该使商店具有可见性和便捷可达性，并提供进货及其他服务性的进出通路。

城市中心区内的主要商业大街应尽量同时容纳行人和车辆交通。主要商业大街不会

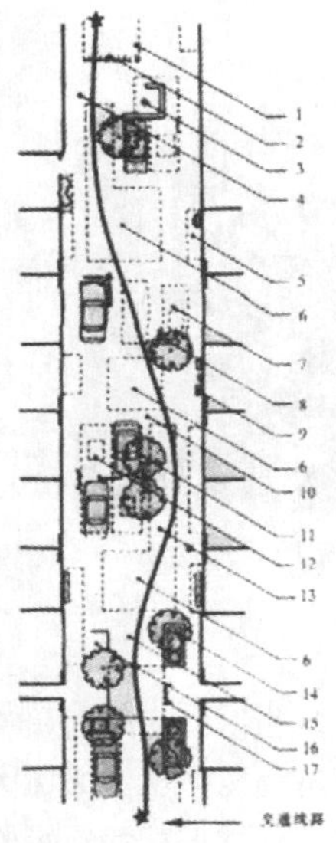

图4-28 荷兰庭院式街道

是主要干道，而只会是次级道路，在某些情况下，它们可以是一条大众运输道路或是一条漫步街。这条主要商业大街应透过零售商店的集中和特殊的街景处理，而成为市中心易于辨认的主要走廊，它应包括市中心内所有的零售商业并在整个步道系统中成为最突出、设计最丰富的一环，这条街应成为市中心区的主要意象和活动焦点。

街道车辆的引导和控制

为保证街道作为活动空间的作用，对机动车的交通引导和控制会有良好效果。导控的手段有单向行车、道路平面形状由直线变曲线或在路面设置高差物以控制车速、强制性限速、入口处设置鲜明标记以提醒司机注意等。20世纪中后期，西欧等国开始探索人车共存的方式，其中荷兰的"生活庭院"交通体系较为典型(图4–28)。这种生活性居住区街道的做法，对于商业性街道也有重要借鉴作用。

"生活庭院"是关于住区人车共存的一种尝试：主要目的在于恢复街道空间的生活机能，使之更富有活力和人情味，为居民的交往、儿童活动等提供良好设计，如：将道路规划为袋形、T形、U形以及尽端圆形场地等，避免过境车辆穿行；采用"折形"或"蛇形"路使汽车速度减慢；在路面上设置"驼峰"或"车挡"；结合道路设置花坛、坐凳、地面铺装，并灵活布置各种活动空间等。鉴于其良好效果，被日本等国加以模仿和推广。

街道的层级划分

街道的空间活动建设应遵循一定的原则：第一，对城市道路进行必要的活动分级(属于城市规划阶段)。一方面要分出交通性和生活性的路网，使两者在一定程度上功能分离，满足现代城市规划及功能要求，针对不同的道路类型选择不同的建设方式，提高各自的针对性和利用效率；另一方面，对生活性道路还要再细分为商业性街道、散步性街道、小型活动街道(可以提供集体舞、下棋、儿童游戏等活动的空间)等，它们各自也有不同的手法和原则。第二，街道不仅提供了一个围合的道路空间，更为深远的意义在于它同时创造了一定活动发生的特殊舞台。对于市民而言，街道之所以能引发他们如此深厚的感情，恰恰在于活动有无，故人们心中的理想街道应该是有着丰富活动的城市建筑围合的道路空间。

在行人步行环境品质和车辆进出方便两者之间取得平衡的最佳方法是：将街道按其所扮演功能角色分成不同层级，其中包括主要干道(Major Arterials)和次级道路[包括收集道路(Collectors)、大众运输道路(Transitways)和巷道(Local Access Streets)等]。在不同等级的街道上，行人和车辆使用空间的分配将有所不同。

街道的驻留空间

人们因为不同目的进入街道，在街道空间内停留时间直接影响活动的质量。而决定停留时间的因素是街道空间内能被居民活动所接触使用的那部分空间，这些空间因素是街道活动滞留的决定性要素。

亚历山大认为："街道应为驻留所设，而非像今天一样为通过所设。"所以他建议道："在公共道路中部设置一个凸起物，并使其末端狭窄一些，这样道路上就形成了一个可供停留的附件，而并不是只作通过之用。"

首先，要控制街道人行空间的活动存在的绝对宽度。人行空间的绝对宽度是指满足人活动（不仅是通过性活动）的最低的宽度要求，是指人行空间同机动车道的宽度比而言的。类似的经验证明：即无论人行道的绝对宽度是多少，如果中间的机动车道远宽于人行空间，那么在心理上街道空间是不完整的，带有很强的空旷无依的感受，比如巴黎的香榭丽舍大街，将原来用于停车的空间拓展为人行空间，因为有很舒展的人行道，行人活动十分活跃，整个大街显得非常繁荣（图4–30）。

其二，要创造良好的街道小气候。

当前街道活动明显的时段性主要源于市民的生活方式，但街道局部小气候的不如人意也有影响作用。对外部空间的气候具有良好调节作用的是高大的多年生乔木绿化，在浓密的林荫大道上散步休憩是市民很珍爱的街道生活体验。而骑楼形式更可以促使人们对街道的全天候使用（图4–29、图4–30）。

其三，临街的可驻留空间（商业空间、点状空间等）。

可驻留空间是指那部分让活动持续的空间。临街花园式、临街活动场式、临街住

图4–29、图4–30 法国巴黎的香榭丽舍大街

图4-31 罗马街边上的街道画廊，让人们在欣赏美景的同时，可以驻足休息

宅式、临街商铺式街道都是具有良好可驻留空间的街道类型，可驻留空间有内外之分：露天的茶座、供行人小憩的座椅、人行道上可以进入的绿化或活动场即属于外部驻留空间；骑楼下的空间、沿街店铺内的空间属于内部驻留空间。这些内外可驻留空间的相互组合使日常性的街道活动拥有舒适的承载空间(图4-31)。

其四，完善街道服务设施。

街道是人与物之间的中介：街道是交换物品、商品买卖的主要场所。街道的真正秘密核心是商品，商业服务是街道活动的重要触媒。街道被各种各样的人群使用，有零售、办公、居住等不同的用途，具有各种各样的意义，因此，它的语义变动不居。但是，街道仍然存在着一种固定的核心意义：它是商品寓所。这也正是街道的魔力所在，它促使人们一遍遍不厌其烦地奔赴街道。

图片来源：

图4-27英国牛津大街一条商业街，人车混流(London，Oxford street)
网络下载http://www.u-aizu.ac.jp/~niki/photo/index.html
图4-28荷兰庭院式街道
王彦辉．走向新社区．南京：东南大学出版社，2003．
图4-29、图4-30法国巴黎的香榭丽舍大街
网络下载http://www.champselysees.org/champselysees/
图4-31罗马街边上的街道画廊，让人们在欣赏美景的同时，可以驻足休息
网络下载http://picasaweb.google.com/jeckywang.55/30SEP2008#5263623398998706642

广场
Square

图4-32 广场中的亲密交往

城市公共空间是社会生活的“容器”，公共空间为社会生活提供场所，对人们的活动起到组织或激发作用，公共空间与人类活动之间有一种互构的关系。维特鲁威在写到古罗马的广场设计时，说它“应该与居民数量成比例，以便它不至于空间太小而无法使用，也不要像一个没有人烟的荒芜之地。”西特在他的论述中认为：“……在中世纪和文艺复兴时期的社区生活中，存在一种城镇广场有活力和功能性的使用。”[1]针对城市广场的这个特点，C·亚历山大提出“事件模式”的概念：每个地方的特征是由不断发生在那里的事件模式所赋予的，空间中的每一模式都有与之联系的事件模式，空间和事件一起的整体模式是人类文化的一种要素，它由文化创造，由文化转换，并仅仅固定于空间之中。“……空间的模式恰恰是允许事件模式出现的先决条件和必要条件。”特定的空间形式、场所会吸引特定的活动和用途，而行为和活动也倾向于发生在适宜的环境中（图4-32）。

满足多种功能的需要

扬·盖尔在《交往与空间》一书中将户外活动分为三种类型：必要性活动、自发性活动和社会性活动。这三种活动类型概括了人们在公共空间中的主要活动方式。这些活动大多都可以在城市广场中发生，城市广场最主要的是要组织社会性活动和事件的发生，这是广场组织活动和事件以发挥促进城市活力作用的主要途径，而自发性活动的组织也很重要，也要有意识地引导。

城市广场中吸引人的多是社会生活等潜在的“内容”，而并非外部形体本身。城市广场是既有实用性又有艺术性的存在物，它的多种表达形式混合在一起，其中最主要的是它所提供的社会生活等潜在内容。正是这些潜在内容，使人身临其境、流连忘返。

城市广场给人不仅是物质上的感知，也包含了心理等方面的感知。这些感知搭起的只是一个空的结构框架，它需要用各种社会生活去填充。对于设计者来说，城市广场的建构就是要把这些潜在的“内容”收纳进来。城市广场应该成为一种根据人的各层次需求，在环境中创造人类良好社会生活的综合性混合使用场所。

混合使用

通过多层面空间、多功能以及多时间区段的混合使用，城市广场可以促进活动发生，从而起到组织生活与事件的作用。

- **多层面空间混合使用**

为适应交通方式及人们生活方式的多样化，可采用空间多层面混合的广场。例如下沉式广场和上升式广场中不同标高空间的混

图 4-33 波兰克拉科夫的主要市场广场(Main Market Square, kraków)

合使用。除了空间层面的混合使用，还有心理层面的多层次混合使用，人们可以使用广场中不同公共和私密程度的空间。

● **多功能混合使用**

当代城市广场已不仅是用于政治集会，更多的是与公众生活联系起来，以满足多样化的公共生活要求。不同的人的活动彼此交融和沟通是城市中包含丰富社会生活的城市广场吸引各类人群的重要特点之一（图 4-33）。例如北京西单广场，不论本地市民还是外地游客，都喜欢在那里逗留。主要原因在于，广场空间中能够吸引人的元素很多（如公共艺术品、交往空间等），而且每次都会得到一些新的体验。

● **多时间区段混合使用**

不同的人在不同时间的感受各不相同，不同的时间广场上“上演”着不同的社会“戏剧”：从早上的晨练活动，到白天的各种商业、娱乐、政治活动，再到晚上的市民娱乐、表演等活动，一个能促进活动发生的城市广场应该具有多时间区段混合使用的特点。

广场位置

广场最合适的位置是那些能吸引各种使用者的地点。研究周围环境对城区广场的影响，可以发现，使用最频繁的广场位于土地利用最为多样化的区域，办公和零售区在这里互相重叠。

广场尺度

广场规模难以量化，因广场的位置和环境不同而有不同尺度。不过，凯文·林奇建议广场亲切尺度是 40 英尺（约 12m），而 80 英尺（约 24m）仍然是宜人的尺度；以往大多数成功的围合广场都没有超过 450 英尺（约 135m）。有人建议最大尺度可到 70 ~ 100m，因为这是能够看清物体的最远距离，另外还可结合看清面部表情的最大距离（为 20 ~ 25m）作出决定。[2]

广场边界

广场周围建筑边界的功能是决定广场活动的重要因素。办公楼或银行光秃秃的实墙面往往会使广场变得没有活力，而零售商店和咖啡馆则会把人们吸引进广场，从而使其生机勃勃。为了促使人们在广场空间逗留，需要有些东西说服他们停留，如城市开放空间至少要有50%的立面用于零售业或服务业，适当设置室外咖啡座向行人暗示这里的广场是鼓励使用的。

此外，运动的行人交通流似乎倾向于出现在空间中心或梯道平台上，而闲坐、看热闹和聊天的人群则倾向于被吸引在空间边缘。人们普遍喜欢坐在空间的边缘而不是中间，因此，广场的边缘或边界应该在适当位置设计休息和观光的空间。

亚空间

除了那些特意为大型公共聚会、市场和集会而设计的专用广场以外，大型广场应该被分成许多亚空间以鼓励使用。没有植物、广场设施或人群活动的大型公共空间对大多数人来说是恐怖的，人们往往更喜欢相对围合而不是完全暴露。

多数使用者把空旷的广场视为他们最不喜欢的空间；他们最喜欢的地方是那些布置了一些台阶以及半私密的庭院，这些庭院阳光充足，并提供了相对的私密性。亚空间划分可以因借地面高程、植物、构筑物、座椅设施等的变化，不仅在广场上人较少时也具有美观亲切的视觉形象，而且能使人们在其中找到属于自己的位置并驻留（图4–34）。

图4–34 圣马可广场(Piazza San Marco)

座位空间

广场座位空间的设计是提供良好交往场所的基础，如果缺少足够的留住人的空间，广场也就失去了活力。对座位空间的重视，亦即对人的重视。无论是谈天、观看、静坐、晒太阳……总是选择那些有依靠的地方就座。不同的人以不同的方式坐着，如果有足够的选择，每人都能找到最适于自己的环境。为了服务于多种使用者，每一广场应提供多样的座位，不光指位置，还包括不同的坐姿形式。一项研究表明，座位或倚靠设施在形状、尺寸和布置上的多样性极大地影响着对城区广场的潜在公共使用（图4–35）。

活动节目

广场中的节目包括城区的季节性节事活动，如城市节庆活动、夏季夜晚音乐会，以及那些商业或即兴表演等。城市广场中的节事活动不仅令空间充满生机与活力，而且促进了人们对城区的了解，同时还促进了城市商业。设计师可通过以下措施为广场节事活动的未来发展提供便利：①提供永久或临时性舞台，而其存在并不干扰正常的广场人流交通；②保证舞台在不开音乐会时也能用于闲坐、吃午餐等。

摊贩售卖

在特定位置由摊贩销售某些类型的商品能够提高零售区受欢迎的程度，使广场或人行道环境充满活力，同时还提供安全监护保障。威廉·怀特在对曼哈顿各广场的观察中总结道：具有食品售货亭或户外餐馆的广场比那些没有这类要素的广场更能吸引使用者（图4–36）。这类广场往往能吸引更多的使用者，而且食物出售本身也是一笔很好的生意。

性别差异

男性和女性对于城市中心广场以及从广场中寻求什么有不同的概念，就是女性寻求一种城市压力和办公环境中的解脱，她们喜欢呆在自然环境中寻求那些没有都市刺激并且安全的空间；而男性却将城市中心的公共空间视为人际接触的场所，他们希望被打扰且更能容忍这种干扰。简言之，女性追求"后院式"的体验（舒适、安全、节制、放松），而男性则追求"前庭式"的体验（公开、社会交流、参与）。但面对这一特征，我们在设计时应将它们视为一个连续体，而不是两种分离的空间，一个设计师所面临的挑战在于将两种使用方式整合进一个广场环境。

组织活动与事件的广场——长沙市妇女儿童活动中心方案（图4-37，图4-38）

在一个场地中，建筑试图去控制空无，而空无同时也在控制着建筑。如果一个建筑想要获得自律和特性，不仅是建筑，空无本身也应具有自身的逻辑。

——安藤忠雄

建设地点：长沙市体育新城月光山下，北临城市主干道劳动东路，西毗邻拟建的宾馆，东南向为生态型体育公园。

建设内容：用地面积50亩，建设总规模2.63万m^2，建设高度24m以下。营造妇女儿童活动、办公用房、儿童剧场、群众艺术馆等等。

斜坡广场——蕴涵活力的城市公共空间

充分因借地形特征，通过地形的自然倾斜，形成开放的大斜坡草地。

开放空间：基地北面与劳动东路之间，利用地形高差形成儿童活动广场（"撒野"大草坪），此儿童活动广场为开放性公共活动场所。

3000m^2的儿童活动广场（"撒野"大草坪），1500m^2的儿童文化广场、儿童文化长廊，通过丰富的空间设置，以激发儿童及大人们多元活动场所。

"撒野"大草坪：位于入口前部，是因借地势形成的大斜坡草坪，这里可成为人看人、与城市共享的空间。因借地势在坪内设涂鸦、滑板、表演区等。在入口道路旁的休息看台，是儿童父母及往来人员欣赏观摩的场地，休息台临溪水而立，溪水是儿童活动广场与成人活动的分野，溪水也是儿童戏水、抓鱼虾的场所。

正是通过上述多空间的组合设置，形成一个开放、舒适，与城市空间互动的场所。

图4-35 圣吉米纳诺的阿拉西斯特纳广场

图4-36 罗马纳沃那广场，广场边沿的售卖活动和广场上的街头画廊

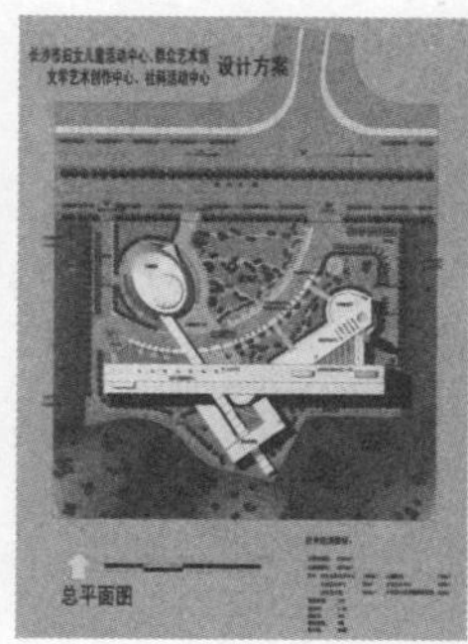

图4-37、图4-38：长沙市妇女儿童活动中心方案
妇女儿童活动中心一层架空，似浮游的飞行器，从绿色广场中浮游起来，通过与自然的表层对峙，创造出建筑与自然深层交织的动态关系，表述出无限而又不确定的潜在希望。

注释：

[1]克莱尔·库珀·马库斯．卡罗琳·弗朗西斯．人性场所——城市开放空间设计导则．俞孔坚，孙鹏，王志芳译．北京：北京中国建筑工业出版社，2001．
[2]克利夫·芒福汀著；张永刚，陆动卫译．街道与广场．北京：中国建筑工业出版社，2004．97

图片来源：

图4-32广场中的亲密交往
网络下载http://www.visitingdc.com
图4-33波兰克拉科夫的主要市场广场（Main Market Square，kraków）
网络下载http://www.city-data.com/forum/world
图4-34圣马可广场(Piazza San Marco)
网络下载http://www.brisbanetimes.com.au/travel
图4-35圣吉米纳诺的阿拉西斯特纳广场
网络下载 http://www.dgolds.com/photos/Italy2002/SanGimignano.htm
图4-36罗马纳沃那广场，广场边沿的售卖活动和广场上的街头画廊
网络下载http://picasaweb.google.com/jeckywang.55
图4-37、图4-38长沙市妇女儿童活动中心方案(设计：蒋涤非等)

滨水空间

Waterfront Space

图4-39 滨水空间人本回归

城市中没有任何一个地方能够像城市的边界——滨水区一样，将大小街巷、东西南北的人们聚集在一起，共享着一个主题。随着人本的价值回归，滨水地区成为城市公共活动集中的城市核心区域。人类需要展开以水域开放空间为研究体（图4—39）、以城市公共活动空间系统为主要设计对象的滨水区的城市设计，通过努力重新达到社会、经济、环境的平衡和统一（图4—40）。即从工业化时期单纯追求经济效益的价值观向后工业化时期的可持续发展观转变。

公共性——营造城市客厅

公共性是未来城市滨水区发展的基本取向。

21世纪城市滨水区首要的就是公共性。不管从前功能如何，新建或改造的城市滨水区均应尽可能地走向大众化和公共性使用。随着休闲文化时代的到来，休闲娱乐商业区成为当今城市滨水区发展的最佳模式（图4—41）。

全时性——保持24小时的城市活力

应关注滨水空间的夜生活感受，作为重要的开放空间形象，其夜间形象对形成城市意象具有重要作用。而同时，光环境设计的好坏，对是否吸引人的活动以及形成安全的场所感至关重要！

作为城市最大的开放性生活场所以及城市形象舞台，营造24小时即“全时性”生活，成为城市繁荣的重要表征（图4—42）！

亲水性——防洪与亲水相衔接

城市滨水空间是开放的公共共享空间，其多元化的城市职能需求提供给人们一个具有都市生活意义的舞台。创造出具有趣味性、人情味的场所。“智者乐水”，亲水是人的天性，乐水、亲水、戏水是人在滨水空间活动时的心理趋向。

城市中传统的滨水河道为了防止洪水往往修筑堤坝，这种方式不仅不符合河流本身的特质，更分隔了人与河流的之间的亲密接

图4-40 滨水地区成为城市公共活动集中的城市核心区域

图4-41 休闲娱乐商业区是当今城市滨水区发展的最佳模式

图4-42 圣路易斯市滨水空间：作为城市最大的开放性生活场所以及城市形象舞台展现“全时性”，成为城市繁荣的重要表征

触。一方面注重自然岸线恢复；另一方面结合设置休闲活动空间，是很多城市再现城市滨水区生态繁荣和人文乐园的主要方式（图4-43～图4-45）。

可达性——形成车行和步行相互衔接的交通系统

在当代城市中，代表高效性的机动性是一个重要的公共资源，保证人人都能够自由出行并方便到达。当代城市居民使用的交通方式不断增加，我们应该将这些多元的交通方式便捷地联合起来以产生高效性（图4-46）。

许多城市在滨水区的设计当中，缺乏从城市角度的分析，缺少对车行和步行的系统性关注，无论从形式还是心理上都割裂了城市中心与滨水区的联系，人们往往感受不到滨水区的存在，步行者也很难由市中心方向方便快捷地到达滨水区。因此，道路系统的合理组织成了城市滨水区景观规划设计成败的关键。

滨水空间作为最大的生活性场所，应关注人的行为、人在其中的日常活动感受。步行系统是滨水空间可达性的重要构建基础，是滨水活动的重要前提。

滨水区车行与步行系统之间的无缝衔接，是滨水区有效可达性的重要标志，也是滨水区高效性与人性化共融的真正体现。

渗透性——在空间和时间维度上与城市整体的衔接

滨水地区与城市整体的衔接非常重要。这种衔接包括空间和时间两个维度。空间上应注重用地功能、交通、绿地、景观等方面的衔接；时间上应考虑原有城市肌理、城市活动、特色建筑的保留和延续。

随着城市“厚度”概念的发展，景观空间的“渗透性”成为城市设计中非常重要的内容，可以通过两方面控制方式来获得：景观视廊和景观序列（图4-47、图4-48）。

景观视廊：即视线走廊，它规定一个空间范围的保证视线的通达，使人与滨水景观保持良好的视觉联系，避免优美的景观受到遮挡。具体的控制方法为：若临江地块面宽

图4-43 湖南岳阳巴陵广场夜景

图4-44 巴陵广场及三期视图：通过台阶、建筑的多层次，营造全时性、亲水性、渗透性的城市公共客厅

超过预定值时须设一条一定宽度的通往水域的景观视廊，在景观视廊的空间范围内不应有建筑或严重遮挡视线的构筑物。

景观序列：人对景观的感受是景观在空间和时间多维交叉状态下的某种方式的连续展现。滨水景观序列的组织即以一定的游览线路，如滨水步行道、林荫大道、水路等，将滨水富有吸引力的景点联系起来。

多赢性——公私利益的均衡

联合开发能够提高城市活力并促使其健康发展。当一个国家的公共资源已达到有限程度时，对于城市的公共投资是否能够达到最大限度的发挥，成为迫在眉睫的重要课题。

滨水空间是公共活动场所，社会大众总是希望开发能创造足够的滨水休憩场地和公共娱乐设施，而开发商则把最大可能的商业利润率作为开发的首要目标，政府既要维持如火如荼的经济发展，又要保证城市的形象提升。各博弈主体的利益均衡成为滨水空间开发的成功关键之一。政府应引导开发商采用明智的开发模式，通过滨水公共空间吸引"人气"，从而带动商业、娱乐设施的"积极"发展，实现"多赢"局面。

混合性——寻求"异质共生"

城市的滨水空间往往是多种功能的综合体，承担着所在城市的重要职能，是巨大城市机器中必不可少的部件之一。居住、商业、公共、休闲、博览、商务等不同功能的组合塑造出不同城市特色鲜明的空间格局，创造出人与滨水空间进行生活交往的都市空间。

图4-45 巴陵广场大台阶：大台阶给人感观的刺激，延伸至水面市民可以近距离观赏洞庭湖水，感受岳阳洞庭水文化的独特魅力

图4-46 巴黎莱茵河两岸滨水空间多元交通方式联合产生高效性

图4-47 株洲神农公园
采用底层架空、空中视线廊道的方式，将城市水域空间与公园空间相互贯通

如芝加哥湖滨地区为全世界闻名的会议展览中心，多伦多滨海区是城市文化中心，巴尔的摩内港是城市综合游憩商业区，维多利亚滨水空间发展成为集游憩、社会、文化设施于一体的休闲与消费场所，波士顿滨水空间则是以大型综合性为其开发的典型特征。

标志性——营造独特天际轮廓线

天际轮廓线是人们整体认识与把握城市特色的途径之一，其突出特征是具有明显的底界线。滨水天际轮廓线底界线往往由宽阔的水面形成。

滨水天际轮廓线由"表层"、"中层"与"背景"三部分组成：滨水天际轮廓线表层为临水岸的各种景观要素，如建筑、构筑物、绿化等；中层为城市内部建筑；背景是远离水域的建筑及山体的剪影。控制城市滨水天际轮廓线应注意保持表层的连续性、节奏的和谐性，应注意保持天际线的层次感，使其前后进退疏落有致（图4-49）。

每个城市的河流都是母亲之河，城市在其哺育下成长。每个城市在其独有的地理特征和人文底蕴之中，会形成具有地域性特点的滨水空间。当代城市滨水空间作为独立的个体，应当具有符合本城市特征的独特气质。

生活性——营造城市"情场"

滨水空间应该成为城市生活的有魅力的场所，是一个充满情致、充满浪漫、充满想像的场所——"水"是可以产生"诗意"的

图4-48 株洲的滨水边界清冷平淡，需要视觉冲击力，通过水域空间与城市空间的渗透，寻求与城市的整体衔接

图4-49 滨水多层次天际线，成为城市重要特色

图4-50 营造城市情场，吸引市民参与

图4-51 欧洲原生态滨水空间
通过城市滨水空间感受自然，融入自然

元素，滨水空间应该致力于营造“催生浪漫”的城市生活场——即城市“情场”（图4-50）。

滨水地区复兴的一个重要途径就是将过去的工业、仓储和交通用地转化为一种富有活力的公共活动场所，能够广泛吸引城市中不同年龄、不同职业和不同收入阶层的群体，即成为展现都市生活意义的舞台。

生态性——营造与自然接近的城市环境

滨水是城市绿肺的核心，生物群落、微气候调节、水体自净，使城市成为舒适的生活场所，是生活在都市里的人与自然对话的纽带。然而城市的扩张、人类对自然过程的严重干涉，破坏了滨河生态系统的生态调节功能，导致城市与河流的对立，形成一种恶性循环。当代城市滨水区建设，应该关注其原生态元素，将沿岸的广场、绿地、桥梁及林荫道连接成为一个整体，使其重新成为城市中最具生态性的场所。人们通过城市滨水空间感受自然，融入自然（图4-51）。

图片来源:

图4-39滨水地区成为城市公共活动集中的城市核心区域
网络下载http://images.google.cn
图4-40滨水空间人本回归
网络下载http://images.baidu.
图4-41休闲娱乐商业区是当今城市滨水区发展的最佳模式
网络下载http://images.google.cn
图4-42圣路易斯市滨水空间
网络下载http://www.panoramio.com/photo
图4-43湖南岳阳巴陵广场夜景(设计:蒋涤非等,绘制:何业员、徐东扬、赖亦堆等)
图4-44巴陵广场及三期视图(设计:蒋涤非等,绘制:何业员、徐东扬、赖亦堆等)
图4-45巴陵广场大台阶(设计:蒋涤非、黄文娟、张轶群)
图4-46巴黎莱茵河两岸滨水空间
自摄
图4-47株洲神农公园(设计:蒋涤非、李卫东、刘莉娜 绘制:刘莉娜)
图4-48株洲的滨水边界清冷平淡,需要视觉冲击力,通过水域空间与城市空间的渗透,寻求与城市的整体衔接(设计:蒋涤非、李卫东、刘莉娜 绘制:刘莉娜)
图4-49滨水多层次天际线,成为城市重要特色
网络下载http://images.google.cn
图4-50营造城市情场,吸引市民参与
网络下载http://collageclearinghouse.blogspot.com
图4-51欧洲原生态滨水空间
网络下载http://images.google.cn

高效之城

High Efficiency City

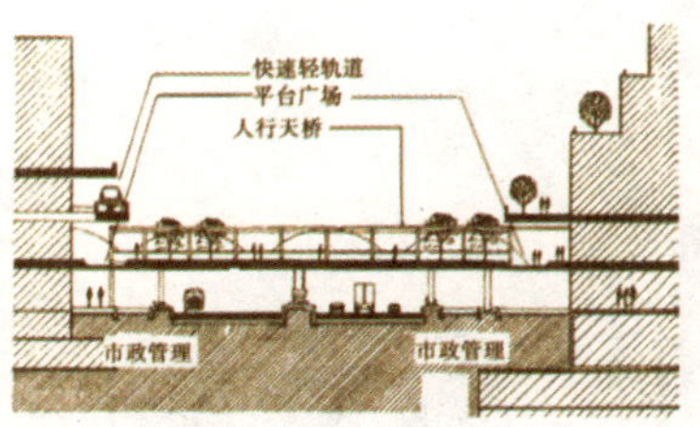

图4-52 具高效性与人性化的中心区交通组织示意

高效城市首先是对土地及城市空间的紧凑利用。紧凑城市的活力及多样性可为市民提供高质量、高效率的生活。通过综合利用，可将居民区、办公区和休闲区组合在一起，创造整体的城市形象和丰富多样的城市生活空间，将更多人带到城市中来，使城市气氛活跃并促进相关设施的良性发展，城市以充满魅力和活力的形象展现出来。这种高密度、高质量的城市生活环境在欧洲的伦敦、哥本哈根等城市成功实现。

对我国城市而言，通过紧凑集中的建设，提高城市设施的服务效率，可实现我国城市新区的可持续发展和旧城区品质的提升。从总体上讲，我国紧凑的城市形态不可能像西方后工业国家那样采取规模较小的发展模式，相对集中、具有一定规模的紧凑城市才能适应我国经济和城市发展的集约化需要。尽管紧凑城市理论本身有许多要完善的甚至也还有许多有待探讨的问题，不同城市规模的紧凑程度和格局也会不一样，然而基于中国国情，发展紧凑的城市形态不失为中国建设高效城市的重要途径。

有人认为香港高容积率住区（特别是旧区）的居住环境恶劣。的确，香港人多地少的矛盾较为极端，在先天不足的情况下，香港政府为解决民众的居住问题及保持城市在国际上的竞争力，善用土地资源作为城市开发的基本原则之一。香港模式对我们的积极意义在于：高效的交通体系支持下的分布式高密度城市，具有很低的土地开发率和很高的资源利用率，其紧凑、密集的城市空间通过高效的交通网络形成复合连续的现代城市形态。

高效城市同时还应具有高效的可移动性。高效的移动已经成为当今社会一个基本价值，成为实现社会变革、发展进步的一个前提条件，成为人们选择做什么、选择如何生活的一个前提条件。这种可移动能力就是机动与步行的和谐共存，它体现的是一种高效性。

在今天的动态城市中，代表高效性的城市机动性是一个重要的公共资源，保证人人都能够自由地出行并方便地到达。伯纳德·屈米认为："城市本质上是转换的场所，是机动性的场所。"机动性能力应该成为城市居民最基本的权利，因为这是保证个人其他权利（工作、受教育、居住等）的前提。

同时，当代城市交通不应该再是柯布西耶认为的只是从某实体空间向另一个实体空间的移动手段，让－马里·杜蒂业（Jean-Marie Duthilleu）认为："我们已经不再只追求交通的实用性而是要营造出感觉良好的、具有场所感的交通空间，机动性是与多样性、复杂性相联系的，这已经成为一个富有创造力的研究领域。”一部分交流场所应靠近快速公共交通站点周围，或者和快速交通站点结合在一起，使具高效性的交通空间增加更多的人性化内涵（图 4–52）。

当代我国城市居民使用的交通方式不断增加，交通空间的交互平台变得越来越繁忙，我们应该将这些多元的交通空间便捷地联合起来。如将银行、酒店、娱乐、商业等服务功能延伸到这一交通空间，以产生高效性与人性化的结合，满足人们日常生活的多样性需求，使城市交通空间具有公共性品质，成为城市空间中的交流场所。

为了让所有人都能便捷移动，个体与公共交通不同模式间和谐共存和互为补充，可以使城市公共设施和服务具有更好的可及性（图 4–53）。这种高效的可移动能力，可加快生活节奏，提高生活效率，增加社会交往机会，从而激发城市活力。

图4–53 高效之城
可移动能力已经成为人类的“根本权力”，它是通达其他诸如工作、居住、教育、健康权利的一个必要条件

图片来源：

图4–52具高效性与人性化的中心区交通组织示意
王建国.城市设计.南京：东南大学出版社，1999.
图4–53高效之城
网络下载http://www.visitingdc.com

交混之城

Mixed City

图4-54 交混意象

广义的"交混"包括功能交混，空间交混以及形态风格交混。作为单一功能形态的城市已经过去，人们在城市生活、工作、娱乐、居住的边界变得日益模糊，公共与私密、工作与娱乐的差异不再泾渭分明，将居住、工作、商业、休闲，以及交通等不同性质的空间组合在一起（图4-54），通过功能交混和空间交混而产生出丰富的城市空间，激发多元的城市生活，从而使城市焕发活力。

中外成功的城市经验告诉我们，城市需要一定的人口和密度，同时在环境允许的前提下尽可能使不同功能混合，这种混合不仅是土地使用功能的混合，而且在功能内容的组合上要考虑城市生活的全时性即24小时都应有连续性的城市生活，今天巴黎、哥本哈根等城市的活力说明了这一点。

一个有活力的城市中心区的精髓在于其功能的多元交混，其中有许多可做可看的事，从白天到夜晚不断吸引人们来此。因此推动市中心经济复苏的基本策略就是为人们制造各种不同的原因或理由到市中心去，并能在那里逗留。

为了要成为一个经济健全、能自给自足的地区，除了零售商店和餐厅外还必须包括办公、住宅和娱乐等功能，而且这些用途必须有效地连接在一起。各种使用之间可以彼此提供支援性的服务，其中每个单元都可为其他使用带来顾客和生意。就城市整体发展的目标而言，应鼓励以不同形态的行为活动

图4-55 拼贴城市

在"拼贴城市"理论中，城市形态记载着历史，每个历史时期都在城市中留下自己的痕迹，城市形态是各种历史片断的丰富交织。当现实与历史能够恰当共处时，形成的城市空间最富有魅力，可以共同演绎出具有文化色彩和活力的城市新形象

将各项土地使用串连起来，从而充分发挥多样性市场功能交混的集聚效益。

城市空间混合使用是在城市土地使用规划基础上，占用一个或多个城市街区，将多种城市功能通过水平和垂直交通联系方式组织在一起共同运营，充分利用城市各层面空间，由此建立起一种组织化形态的混合使用空间。它不仅仅是建筑物内部功能的外化，还应体现城市外部空间形态的要求。由于城市空间混合使用是多层面、多功能、多方位组合的空间使用，因此，它比起其他的空间使用方式具有更大的使用效益和灵活性。[1]城市空间混合使用有四种类型：多层面空间混合使用、多功能混合使用、多时间区段混合使用、多活动层次混合使用。[2]这些城市空间混合使用类型往往是几种或多种类型综合而存在于城市中。

形态风格交混源于柯林·罗（Collin Rowe）等提出的“拼贴城市”的城市设计理论。认为城市形态像一幅拼贴起来的画，多元的形态经过不断融合，形成内涵丰富的秩序，表达了“秩序和非秩序、简单与复杂、永恒与偶发的共存，私人与公共的共存，革命与传统的共存，回顾与展望的结合”。正是这种复合交混所形成的丰富性，可以捕捉人们从复杂视觉现象中产生的那种即兴和敏锐的感觉，创造视觉的愉悦和欢愉，激发人们的城市活动而产生城市活力。在高度信息化、图像化的时代，视觉形态的多元混合是顺应时代欲求的重要内容(图4–55)。

形态风格交混既可以是历史样态的复合共存，也可以是建筑装饰的丰富美化。

城市中美化与装饰是城市设计的一个职责，所有的开发都应视作有意地去装饰城市。城市美化与装饰的首要原则在于将城市开发所涉及的各部分组合为一个充满生气的

图4–56 拱廊为购物者提供庇护的最有效且极富装饰效果的方式

多元复合体。装饰可以提升场所物质的、社会的和精神的品质，即强化场所的特征；20世纪之前，对于装饰的自觉努力曾是大规模开发的内在组成部分。在20世纪，城市开发中装饰的主导地位已经让位于其他因素(当然也有例外)，其中主要是经济利益。正因如此，我们更有必要重新寻找装饰的理性所在。

步行者对于环境的意象与汽车中的人大不相同。在疾驶的汽车中，人们从其周围环境中只能得到即触即逝的图景。人们不会关注细节，也不会去感知丰富的建筑形式；在这里，我们应特别强调如何使那些拥有时间轻松徒步、伫立凝视的人得到视觉的愉悦和兴奋，城市形态风格交混对于这样的观察者而言具有更为重要的意义。

有关风格交混的装饰手法应主要集中于城市中全步行化或步行占环境主导地位的区段中。在步行商业街中，地面层是最重要的装饰部位。商家的店面是与人们有着最为密切联系的立面元素。拱廊是为购物者提供庇护的最有效且极富装饰效果的方式。拱廊也为由不同零售店组成的形形色色的街道景观带来一种连续性元素(图4–56)。

R·文丘里曾被喻为建筑后现代主义的代表之一，他赞成建筑风格的交混，提倡建筑本身应该是复杂的、多样的。后现代主义与商品经济和个性的发展之间存在着不可分割的关系，反映了当代城市社会的多元化发展趋势。

世界上许多令人流连忘返的城市，不仅仅在于它们有优美动人的都市风貌，更在于这些城市为生活于其间的人们提供了一种多样化的空间环境，即具有多种活动内容和使人产生多种体验的空间环境(图4–57)。在这些地方，各种文化背景和社会阶层的人们，以不同的方式，在不同的时间，汇集于这样一个丰富多样的环境内，从事各自和相互的活动。多样化的空间环境，伴随着城市自身的运行，形成一股蓬勃的生命力——城市因为功能的交混、空间的交混和形态风格的交混而具有活力。

图4–57 交混之城
作为单一功能形态的城市已经过去，人们城市生活、工作、娱乐、居住的边界变得日益模糊，公共与私密、工作与娱乐的差异不再泾渭分明，将居住、工作、商业、休闲，以及交通等不同性质的空间组合在一起，通过功能交混和空间交混而产生出丰富的城市空间，激发多元的城市生活

注 释：

[1]庄宇.城市空间混合使用的基础研究——行为环境和形态构成的探索.同济大学硕士学位论文，1993.
[2]陶思炎.中国都市民俗学.南京：东南大学出版社，2004.

图片来源：

图4-54交混意象
网络下载http://pc.2u.com.cn/
图4-55拼贴城市
网络下载http://www.copenhagen.com/
图4-56拱廊为购物者提供庇护的最有效且极富装饰效果的方式.
网络下载http://picasaweb.google.com
图4-57交混之城
网络下载http://picasaweb.google.com

图4-58 株洲神农太阳城

故事之城

Story City

城市事实上像一个古人和今人共同生活过的大营地，其中许多元素遗留下来如同信号、象征与痕迹，每当假期结束，剩下来空荡的建筑令人生骇，而尘土再度耗蚀了大街。这里存留下来的，仅是用一种特定的执着再继续开始，重新构建元素和道具，以期待下一个假期的来临。

——阿尔多·罗西(*Aldo Rossi*)，一个科学的自述(*A Scientific Autobiography*)

在城市漫长的历史中，建筑与城市空间如同舞台，见证不同事件的演出。当一幕热闹的戏曲结束后，人去楼空，剩下来的仅是容器般的城市元素，城市中的大小事件都在不断成为"故事"，城市中固有建筑与空间形态于是成为"故事"的容器。

城市历史学家刘易斯·芒福德认为："在城市发展的大部分历史阶段中，它作为容器的功能都较其作为磁体的功能更重要；因为城市主要还是一个贮藏库，一个保管者和积攒者……城市社会的运动能量，通过城市的公用事业被转化为可贮存的象征形式，从奥古斯特·孔德（Auguste Cote），到W.M·惠勒（W.M.Wheeler）的一系列学者都认为，社会是一种积累性的活动，而城市正是这一活动的器官。"[1]城市是人类物质财富的集中地，人类精神文化的创新地、是人类文化的一个大"容器"。

城市中特定的元素，如钟塔、街面、廊道、广场、牌楼，对人们的意义是超乎表面功能的，它们是市民集体记忆（Collective Memory）的具体化，是事件的背景，是戏剧舞台的布景或道具（图4-58）。

卡尔维诺在《看不见的城市》中借马可·波罗之口描述了城市与事件相互依存的关系，他认为，城市的生命在于这些过往事件的累积而形成的记忆。这些附着在质感丰盈的城市背景上的故事成为与城市的实质性联结，城市正是依靠这些故事的具有质感的细节来维持自己生命的征候（图4-59）。

库哈斯作为一个曾经当过新闻记者的建筑师，对于城市形态所包含的历史含义十分敏感，尤其关注与城市现代发展史和特定场所相联系的各种事件和背后体现的各种力量。以柏林为例，库哈斯写道："柏林风光的丰富性在于它那激动人心的历史片断：新古典主义城市，早期现代大都市，纳粹首都，现代主义的试验床，战争的牺牲品，死而复活的拉撒路，冷战英雄等等。"城市从本质来说是

图4-59 瑞士风光

时间的产物，城市正是在由各种大小事件组成的历史中形成了自己的特征。

与现代主义强调纯粹空间形式以及超凡脱俗的个性相反，我们应关注形式背后的东西。街道不仅是供通行用的"动脉"，广场也不仅是为了视觉上的满足，城市形式不能只是一种简单的构图游戏。形式背后蕴含着某种深刻的涵义，这涵义由城市事件组成，正是这些城市的丰沛故事赋予城市空间以丰富的意义，才使之成为市民喜爱的"场所"。所以我们一提到某古城（如西安），就会联想到其悠久的历史；一提到某新城（如深圳），就只能想到它的经济等与历史无关的方面。

莫里斯·哈布瓦赫认为："凭借着对传统价值的执著，昨日的社会以及社会化进程中相继出现的各个时期才得以存续至今。人们有意识加以保护的历史文化遗产（人造环境）构成了我们的传统，几乎任何一部分能被我们加以回忆的过去都能成为传统。"

我们要保护的不仅是物质实体，而更重要的是其中的关系与变化过程，通过过去与现在的对话，我们才可以了解过去。荷兰学者凡·艾克认为："在我们看来，过去、现在与未来一定是作为一种连续体而活动于人的内心深处。如若不然，我们所创造的事物就不会具有时间的深度和联想的前景……显然，如果我们不能纵览过去，也就不可能把这样巨大的环境经验组合起来……当今的建筑师们病态地效忠于变化，把它视为一种被人们阻碍、追随、在最好情况下只能被赶上的事物。我敢断言，这就是他们想切断过去与未来的原因，其结果是使现在成为一种失去了时间尺度的感情上不可及的东西。因之，还是让我们改为从过去出发，从而发现人的始终不变的条件。"[2]

像轻轨和自行车这样的交通工具之所以能赢得某种程度的成功，更多的是由于它们或多或少地提供了一个具有神奇色彩的欧洲城市的传统印象；也由于它们属于具有持久性的交通工具，颇好地适应了那些生活和工

图4-60 城市轻轨

图4-61 法兰克福火车站大厅

作在市中心的社会阶层的生活（图 4-60）。西方社会对于所有被认为是文化或自然遗产的兴趣的增加，是当代城市生活演变中的重要转变。

"从某种角度看，都市怀旧可以说是信息时代社会结构的重大调整波及社会心理的一个结果……所谓都市怀旧，放在这个背景中看，实际上是对城市经验和记忆的整理，它和各种关于城市的论述一起，共同塑造着我们对于城市的新的认知"，克罗齐说得更为透彻："这种过去的事实只要和现实的生活的一种兴趣打成一片，它就不是针对一种过去的兴趣，而是针对现在的一种兴趣。"[3] 也就是说，这种怀旧是从现在出发来看待并理解过去，是出于现在的某种目的来重新梳理历史。

从人的文化心理出发，研究人在城市空间与城市环境中的经历和意义，如诺伯格·舒尔茨所说："建筑师的任务就是创造有意味的场所，帮助人们栖居"。城市设计也是如此，城市空间从物质层面上讲，是一种经过限定的、具有某种形体关联性的"空间"，当空间中一定的社会、文化、历史事件与人的活动及所在地域的特定条件发生联系时，也就获得了某种文脉意义，空间也就成为"场所"。

当代文化与旧文化的区别在于：旧的文化概念是以连续性为根据的，现代文化的概念则建立在多变性的基础之上；旧的文化概念推崇传统，当代的思想却是兼收并蓄。即历史文化既是连续性的，也是线性承传的，而当代文化应该是复合并置的。

所谓线性承传的"故事"文化讲的是城市文化的历时性，把时间作为城市形态的一个特殊要素，就能感受到城市秩序的特殊性。城市形态在时间的流逝中不断变化和丰富，从而体现出历史的痕迹。城市的发展可以融合新和旧，在此过程中带来种种变化的可能，在保持连续性的同时表达当代的特殊性。城市形态所具有的历时性使它可以联系着过去、现在和未来。

以上所谓历时性的城市文化或者说"故事"文化，对于城市活力增长之贡献却十分有限。因为线性承传的"故事"文化表述的只是历史文化遗痕的延续与记忆，并没有融入组合到当代城市生活中。而复合并置的生活文化则是将城市文脉、历时性的城市文化形态融入组合在现实的日常公共生活之中，它体现的是一种"共时态"，是将过去、现在、未来的历时态加以并置、拼贴组合在一起，以产生文化的集聚效应，例如，法兰克福火车站区改建，作为欧洲最为壮观的古老火车站之一，这次改建把铁路引入 20m 深的地下，以腾出地面延展城市生活；车站大门的弧形顶棚仍然保留，在其下新建了一个商业街，一直向下通到地下铁路，形成室内下沉空间；下沉空间周围围绕长达 3km、高达 3 层的店面，其中布置画廊、商店和餐厅等。这是一种典型的将历史与现代的生活文化复合并置的形式（图 4–61）。这种并置的生活文化的组合对城市文化生活将产生催化作用，进而激发城市活力。

表现城市意义的城市故事空间固化了城市环境的社会、历史和文化演变过程，反映了人类作为地球生态系统的一份子在营造城市这一特定聚落形式过程中的甜酸苦乐；城市的意义可以吸引市民停留，引起市民思索、记忆和共鸣，使得市民认可和热爱城市，使城市具有深度和可读性，形成故事的城市就是重视个体感知和群体记忆的人文主义空间价值，寻求一个能够传承城市人性情感、容纳城市活动可持续发展的城市空间容器。

注 释：

[1]刘易斯.芒福德. 城市发展史——起源、演变和前景.倪文彦，宋俊岭译.北京：中国建筑工业出版社，1985.
[2]陈镌.城市生活形态的延续与完善.同济大学博士学位论文，2003.
[3]陈镌.城市生活形态的延续与完善.同济大学博士学位论文，2003.

图片来源：

图4–58株洲神农太阳城
网络下载http://www.wyuu.cn/baidu/tupian079475.htm
图4–59瑞士风光
作者自摄
图4–60城市轻轨
网络下载http://pic.nipic.com/2008-08-21/2008821215738543_2.jpg
图4–61法兰克福火车站大厅
世界建筑，2001(6).

生活之城

Life City

图4-62 芝加哥千年公园
芝加哥千年公园(Millennium Park)的云之门雕塑(Cloud Gate Sculpture)和皇冠喷泉(the Crown Fountain)，均反映了城市生活的公共性特征

城市的发展不仅表现在物质上的改善，更重要的是其作为生活容器和历史文化载体所应当发挥的作用，即提高生活质量、改善人际关系。人作为城市的主体，其市民空间——城市生活场所是产生活力的载体，好的城市市民空间必须能适应日常社会生活的千变万化。尹塔洛·卡尔维诺在《看不见的城市》中谈到："城市是几何学逻辑与人类的镶嵌图案之间，几何学与生活之间的相互作用。"对各种形式普通日常生活的关注，是创造生活城市的关键。

人们的日常生活除了家居生活以外，还有就是公共生活了。空间为公共生活提供场所或"发生器"，公共生活同样也会对城市空间产生反作用力。从根本上讲，城市空间的形态来源于生活结构，因此只有把生活的魅力转变为建筑及城市空间的魅力，我们才能真正地拥有自己的环境。公共场所对个人而言，不仅起着塑造人们行为方式的作用，而且提供精神上的愉悦。城市生活的展开，依赖于这些公共场所的开放性和丰富性（图4-62）。

公共生活对人来说，不单纯是人与人的关系，它包含了更广泛、更深刻的意义（如文化、心理、礼仪、宗教信仰等）。公共生活的发展成长带有一定自发性，它主要来自于社会、集团和个人的各种需要。伴随着人类物质生活和精神生活的发展，公共生活也在不断发生变化，并源源不断地滋养空间。空间的形式、分隔及组合日益灵活和多样，以适应新的、复杂的公共生活要求，同时也会在一定程度上促进公共生活的繁荣和发展。

哈贝马斯认为市民公共领域的出现对于西方现代化的过程所起到的重要作用，主要表现在对市民的主体意识以及民主对话和公共批判能力的培养方面。这对于处在现代转型时期的当代中国无疑具有着重要的启示作用，城市公共空间的公共性在培育市民的主体意识方面可以产生重要作用（图4-63）。

公共空间是二元甚至是多元的，而非仅仅是一种中性的、物质性的概念，是在公共权力、市场经济等多种力量干预下所显示出的市民公共领域的公共性。

与西方相比，中国城市历史上比较缺乏公共的概念，在中国古代城市中很少有真正意义上的广场，只存在公共空间。而没有"广场文化"就很难诞生出"市民文化"，就谈不到"公共性"。从西方城市发展史观察，如果城市体现市民社会的意志，城市建筑和城市公共空间则体现着宗教、平等的意识，如广场的普遍性、公共设施的社会化等。中国古代城市社会是权力者的居住地，城市空间体现为权力者的意志，缺乏市民广场，公共建筑不仅数量少，而且仅为少数人服务，严重缺乏公共性。

C·亚历山大认为："我们当中关心建筑的人很容易忘记，一个地方的所有生活和灵魂，我们所有在那儿的体验，不单单依赖于物质环境，还依赖于我们在那里体验的事件的模式。……现在我们将开始深入地看看，一个城市丰富和复杂的秩序是如何能够从千千万万创造性的活动中成长起来的。我们城市中一旦有了共同的模式语言，我们都将会有能力，通过我们极普通的活动，使我们的街道和建筑生机勃勃。"[1] 在这里，C·亚历山大强调的就是公共生活，正是普通的、日常的公共生活铸就了城市的生机，使人的生命特征物化成为了城市的生命体特征。

人作为公共生活的主体，在城市公共空间中既是活动事件的制造者，又是活动场所的存在前提。人际交往是城市生活的本源，城市始于作为交流场所的公共开放空间和街道。简·雅各布斯也认为，城市最根本的特征是人的活动，正是人作为主体的公共生活，使街道等公共空间成为城市中最有活力的"器官"。

城市公共空间对城市公共生活有着独特作用，这种作用是针对其他形式的公共生活载体而言的。随着当代科学技术、特别是信息技术的进步，载体形式也日益多样化：除了书籍、报纸、杂志外等，各种传统媒体还包括新兴的媒体，如电视、网络等。作为历史最悠久的载体，城市公共空间的作用至今仍是无法替代的，因为"由建筑等营造出的公共空间，其重要特征便是一种感性和真实的凡人生活世界。"

胡塞尔认为：一切知识都必须以生活世界为背景知识，并且以回到生活世界为目的，生活世界是直观的、非抽象的、日常的世界。生活世界需要人们以自然的态度直接面对。

城市公共空间是一个共享空间，它吸引人们身临其境，去亲自体验并分享其中的乐趣。我们应该恢复有趣的、能够满足人们好奇心的东西，使得在这里生活的每一个人都能自由地编织出自己的生活。人们在相互的交往中，也找到归属感和彼此之间的尊重。我们应提倡一种全民的、活跃的生活状态。从街头广场到楼前空地，鼓励人们参加唱戏、扭秧歌、跳交谊舞、看电影、听评书等各种活动，使公共空间充满活力，形成一道迷人

图4-63 都市夜生活

图4-64 巴黎 蓬皮杜文化中心
其前广场成为巴黎市民喜爱的公共生活空间

的都市风景线（图 4–64）。

公共空间走向公共生活，公共生活同时走向公共空间。城市公共空间的使用者具有比建筑内部空间更强的广泛性和不定性，使用者的数量越多也就越有被激发出多样化活动的潜质，一个高质量的公共空间能吸引人们去体验并分享发生在其中的公共活动。人们在城市公共空间中通过公共生活相互交往并产生活力，这种活力流动和渗透于城市空间之中（图 4–65）。

对各种不同城市使用者的满足程度越高，满足的日常生活需求越多，这座城市的生存发展能力越强，就越具有活力。城市生活与城市公共场所是互为依存的；场所是生活的载体和媒介，只有场所而没有市民生活的发生，这种城市场所就没有存在意义，也就没有生命力可言，充满生活的城市才称得上具有活力。

图4–65 街头表演
城市的发展不仅表现在物质上的改善，更重要的是其作为生活容器和历史文化载体所应当发挥的作用，即提高生活质量、改善人际关系

注 释：

[1]庄宇．城市空间混合使用的基础研究——行为环境和形态构成的探索．同济大学硕士学位论文，1993．

图片来源：

图4–62芝加哥千年公园
网络下载http：//news.cgyes.com/uploads/userup/0808/2002535W649.jpg
图4–63都市夜生活
网络下载http：//pic.nipic.com/2008–08–21/2008821215738543_9.jpg
图4–64巴黎蓬皮杜文化中心
约翰·莫里斯·迪克逊．城市空间与景观设计．王松涛，蒋家龙译．
北京：中国建筑工业出版社，2001.10．
图4–65街头表演
网络下载http：//pic.nipic.com/2007–05–31/2008821215738573_9.jpg

步行之城

Carfree City

图4-66 步行化城市
城市中最重要的公共场所必须为步行者服务，步行空间是城市各种聚会、集会、表演的公共舞台，是以人为核心的场所，也是多元文化交流和共存的空间

在机器时代来临之前，城市中的居住和商业活动糅合在一起，悠哉游哉的步行节奏千年不变。无论是王公大臣还是一介草民，在穿越城市的时候，其区别顶多介乎于徒步与策马之间，而都有闲暇余裕感受路边的景象。在触手可及的丰沛的可感受性当中，传统的市民生活和文化事件充盈在城市的街道和广场上。（林鹤《怀念步行城市》）

步行城市是对于城市公共生活的回归。步行是一种人类古老而广泛使用的行为方式，在科技进步与交通发达的后工业时代，对步行行为的重新认识是对传统的回归。我们提倡步行城市，首先是针对汽车交通的泛滥，步行空间可以把城市从汽车的掌控中重新归还给人。

城市中最重要的公共场所必须为步行者服务。步行空间是城市各种集会、表演的公共舞台，是以人为核心的场所，也是多元文化交流和共存的空间。步行的城市同时还可带来生态环境的改善。当代一些欧洲城市的中心区在步行化以后，许多广场的鸽群成为一大景观，人与动物友好共处给广场带来勃勃生机。

大量的步行交通还可以促进临街商务活动，良好的步行区可以吸引人们逗留、散步和购物，是城市更新和改造的良好触媒，其欣欣向荣的景象容易吸引投资，从而使城市进一步更新。

步行首先是一种交通类型，一种走动方式，它为进入公共环境提供了简便易行的方法。步行空间作为城市中高质量的公共空间，不只是一种交通形态，它还意味着锻炼身体、呼吸新鲜空气和散步的形式。步行可以是充满乐趣的，边散步还可以边环顾四周的人、商店的橱窗和发生的事情。一个人一次步行外出可能兼有公务、观光或散步的目的，也可能分三次去做这些事，可以有多样性的形式，也可以有多样性的目标。步行人数的增加还可以促使更多的人使用公共交通以提高城市公共交通的效率，而步行交通和公共交通之间的有机衔接更可以大大提高可及性（图4—66）。

城市步行空间感受的重要性胜于其美学的吸引力，心理治疗医生乔安娜·波平克（Joanna Poppink）认为在户外咖啡馆或购物街上度过的时光不仅仅是一种愉快的消遣，还

图4-67 哥本哈根斯特勒格步行街

是健康城市生活的必需要素。她还认为："只要不离开房间，人们就会被电视创造的虚幻感和人们自己的恐惧感所占据。"因为城市居民所经受的恐惧感和不信任感很大程度上与缺乏能使不同人群交流的公共空间有直接的关系。反过来，当你走出去置身于真实的世界中，你就会看到真实的人类自身：不同的年龄，不同的种族，不同的人际关系。这些经历会有助于塑造一种集体感和宽容感，它们反过来又会支持这个不断多样化和文化多元化的世界中城市生活的繁荣。

步行区是城市更新和改造的一种良好触媒，可吸引大量市民在此活动。而步行区里欣欣向荣的商业销售和其他休闲活动会吸引本地和外地的投资，增加的投资会进一步给城市带来新面貌，同时获得更多的就业机会。高质量的步行空间可以促进临街商务活动，通过吸引行人在此逗留、散步及购物，从而增加消费，促使商业收益和就业机会增加。

在美国，吸引新投资是建立步行街的目的之一。如伊利诺伊州斯柏林菲尔德市的一个商业组织发起在该市建立步行街，其目的就是希望通过建步行街来吸引新的投资，结果该市在10年间便吸引了2亿美元的投资。德国将城市街道改成步行街本是出于对中世纪形成的城市中心区空间狭小、交通混乱而采取的对策，但未曾想其带来了商业上的巨大成功，刺激德国更多的城市采用这种步行街区方式。

与发达国家相比，我国的城市步行区的建设明显滞后。1980年苏州观前街开辟为全国第一条步行商业街，由此步行商业街成为我国各城市旧城更新的一种主要模式，较具影响的有南京夫子庙商业街、上海南京路商业步行街等。但是这些都只是线性的步行街，而国外如哥本哈根（图4-67）、维也纳（图4-68）等都是连成街区的成面状的步行环境，这种网状组合的步行环境更能激发城市多样化的活动和生机。

随着小汽车交通量的逐渐增加，在狭窄的城市道路上机动车和行人的冲突也在增加，而步行区是促使行人回到市中心街道中来的重要契机。

哥本哈根很早就吸引着人们在市中心步行。市中心区成为一处舒适、方便的步行者天堂，市中心交通量的80%以上都是步行，还有14%的自行车交通。整个哥本哈根内城已变成了步行者的乐园。大量的座位和路边咖啡椅提供让人们小憩的机会。年轻人玩滑板和溜旱冰，而各种各样的音乐家、艺术家和演说家的表演吸引人们涌向广场。由于这些丰富多彩的露天演出，这座城市的步行区被用于城市休闲活动，即以一种有吸引力的方式让人们有机会观看、会见以及接触他人。步行街、步行优先的街道，加上小巷构成了一个广泛的步行道路网络，使这里成为步行者的天堂。市区中心的多数广场都取消了停车位，将其返还给市民作为休闲活动场所。它们吸引人们参与到各种公共活动之中，成为人们娱乐及享受生活的场所。咖啡座等设施的设置丰富了市民的各种休闲生活。步行区的发展对于营造城市气氛，形成步行城市，具有十分重要的意义。

城市步行空间系统是市民活动行为的系统化组织，其系统设计由市民活动决定。市民要在某一城市公共区域内进行多种活动，如散步、游戏、演出、聚会、观光、购物、娱乐等，这些活动的种类配比、规模大小以及在这一地段内的空间和时间意义上的分布决定了城市步行空间系统的组织。不同年龄、不同兴趣爱好的市民都可以在城市步行空间系统中找到适合于自己的活动场所（图4–69）。

近年来的许多研究都把城市公共空间视为“城市的客厅”，而通过城市公共空间的步行系统区化，可使这些“客厅”更具有人情味，更具生机。其主要手段是建设地下、地面和空中人行步道，形成立体化步行网络，把城市的各主要公共空间联系起来。

空中步道系统在形成城市生活的连续性方面具有重要作用，特别是在避免不良气候的影响，遮风避雨防害，以及保证日常生活的正常进行方面起到重要作用，进而能形成具有全天候城市生活、工作活力的城市空间（图4–70）。

地下空间是另一种形成全天候步行空间的方式，地下空间可以缓解许多传统城市中心的用地压力，改善地面步行交通，同时更重要的是地下空间是应对室外气候条件——尤其是严酷气候的一种有效方法，无论冬夏，

图4–68 维也纳的一条步行街

图4–69 巴塞罗那的一条步行街

图4-70 伦敦的Aspiration天桥

地下空间都可以提供舒适的室内环境。而地下步行空间中常常伴随的商业开发，更是城市中心区营造活力的有效方法。

另外，骑楼形式也是一种保障不受不良气候影响而维持城市生活不间断运行的方式。骑楼在形成商业空间的连续性方面效用独特，而同时在保证商业活动不受气候变化影响方面更具有突出效果。骑楼在我国商业较为发达的城市，如广州、上海、福州、温州等十分普遍，在西方充满活力的中世纪城市中更是普遍存在。这种形式可以全天候地凝集人并使城市活动不受气候影响，是维持城市生活连续性以激发城市生机的重要手段。

当然，提倡步行城市，并不意味失去现代城市所应有的高效性，而是通过改善步行环境质量，增加步行空间，实现公交、步行、汽车及轨道交通等之间的良好平衡。我们应特别强调步行空间与公共交通的良好衔接，这是现代步行城市必不可少的前提之一。建设步行的城市，必须将外向沿街面与内向街区、公共广场有机结合，建立起便捷宜人的网络化的城市步行空间体系，使步行空间真正成为属于市民大众的城市空间。

图片来源：

图4-66步行化城市

网络下载http://xml.twbbs.org/gallery2/v/hebe/024/028/032/IMG_8037.JPG.html

图4-67哥本哈根斯特勒格步行街

（丹麦）扬·盖尔．新城市空间．何人可译．北京：中国建筑工业出版社，2003．

图4-68维也纳的一条步行街

网络下载http://www.flickr.com/photos/lou/1307596407/

图4-69巴塞罗那的一条步行街

网络下载http://www.vekee.com/b57561/

图4-70伦敦的Aspiration大桥

网络下载http://www.wangshiqi.name/architecture/bridge-of-aspiration-in-london/

图4-71 天上的街市

全时之城

24-hour City

远远的街灯明了 / 好像闪着无数的明星
天上的明星现了 / 好像点着无数的街灯
我想那缥缈的空中 / 定然有美丽的街市
街市上陈列着一些物品 / 定然是世上没有的珍奇

—— 郭沫若《天上的街市》(图4-71)

当代城市生活处于一种后现代文化状态。当代人在后现代文化的关照下成长，在网络化、信息化的状态下生活。夜生活延长了现代人的寿命，使当代人的生活完全异趣于以往任何时代。

全时性城市是当代城市繁华的象征。一个有活力的城市应该是24小时城市；城市夜环境的塑造是形成24小时城市的关键所在；生活、工作、商业功能的混合是形成24小时城市公共生活连续性的重要手段。

C·亚历山大在《建筑模式语言》一书的模式33中，专门分析了城市“夜生活”，他认为“城镇的夜晚别有一番情趣”，所以人们乐意在夜晚出门，“一个晚间活动中心，尤其是当灯火通明时，就成为吸引这些人的集中点了。数个小而分散的夜生活中心相映成趣，围在广场四周的各种服务机构使广场呈现出一派喜气洋洋的气氛”。那里灯光明亮，人们就会兴致勃勃去消磨时光（图4-72、图4-73）。

夜间城市可以通过特定的手段——灯光的运用，与城市其他元素组合起来，创造具有魅力的城市夜环境。由于它所涉及时间段的差异，它所产生的形象效果与日间完全不同。白天的自然光具有较强的稳定性、单一性和不可选择性；而夜间由于我们可以自由地选择光源、灯具照明手法和控制手法，所以夜间的光线具有高度的灵活性和主观性，

图4-72、图4-73 夜间城市具有日间城市既类似又截然有别的特征。夜间城市可以隐藏掉一切，也可以重新创造一个崭新的生活空间

夜间人工光对城市的景观可以起到决定性作用。因此赋予人们控制照明对象的可能性，通过适当的照明手段，我们可以有选择性地让某些部位亮起来而忽略掉其他某些部位，而日间城市则极少有这种选择性。

随着城市生活的发展，单一的功能性照明和造型精美的灯具已经不能满足夜间城市生活的需要。夜环境设计，核心不是简单的亮化问题，也不是所谓的城市美化问题。而是在夜间这一时间概念下，在已有城市形态的基础上，对城市中人们生活的组织和对城市空间的组织与设计。它是对城市设计在时间上的补充调整，其核心是强调整体内部的联系与相互作用，在不影响日间城市使用的前提下，使夜环境最大限度地满足人们的需要，令夜间城市充满活力，进入良性发展。

当代多元化社会生活中夜生活已成为重要内容，通过夜间灯光环境塑造，吸引市民走出家门参与各种交流活动。城市亮化可以产生视觉愉悦感。从视觉上传递给人们某种信息，从而激起他们的美学兴趣。通过灯光的各种组合变化，能够激起人们的视觉兴奋感，同时增加城市的“可读性”。人们在灯光的夜环境中感到安全，容易产生放心和舒适的感觉，这种被认同的场所感受可以保证人们夜间公共活动的持续发生。良好的照明能提供行为激发动力，例如：颜色丰富、变幻，突出的灯光能让行人停留、购物，灯光布置有围合感，与休息行为结合，有重点照明的，能够吸引人们休憩、交流、表演等。城市亮化是增加城市可识别性的重要途径。在夜间，明亮的地方最容易引起人们的注意，所以要将光更多地投入到这种积极空间中去。在城市夜环境发展较好的国家，城市的整体夜环境中灯光主要投射到街道和人群活动的环境中去。对建筑的表现也大多采用主体内透光形式，建筑底层相应提高亮度，展现人在活动空间的活动。拉斯韦加斯城市夜景中点点灯光从一栋栋的建筑中透出，令人联想到楼宇内部人们的活动，暗示着建筑与城市在晚间的活力（图4-74）。

“不夜”城市的塑造关键在于都市夜生活的营造。夜生活是城市文化的重要领域，其丰富程度是都市繁华程度的形象体现。北宋的京城汴梁曾是一座喧闹繁华的不夜城，正如宋代孟元老在《东京梦华录》所记载，在中秋之夜，“贵家结饰台榭，民间争占酒楼玩月”，儿童“连宵嬉戏”。香港、东京、巴黎、纽约等都市莫不以夜生活的繁闹而成为城市的一道独特风景线。夜生活是都市百业兴旺的必然，也是太平盛世的标志。

城市功能随昼夜更替而产生一系列变化。由于白天工作繁忙，人们的休闲活动大多集中在晚间进行。因此，城市夜晚应为市民提供更多的娱乐休憩服务方面的机能：购物、散步休闲、文化娱乐等（图4-75）。有活力的城市夜环境必须解决繁多的功能问题，以满足不同层次、文化、职业、年龄的人群对夜生活的需要。

C·亚历山大在《建筑模式语言》主张的

夜生活模式是："要把晚间营业的酒店、娱乐场所和服务机构同旅馆、酒吧间、以及通宵达旦的餐车式饭店联结在一起，以便形成夜生活的活动中心，那里是：灯火通明，安全舒适，生动活泼，兴高采烈。这样就可把夜里外出的游人都吸引到该城镇内寥寥可数的几个夜间活动场所去，从而增加夜间行人活动的热烈气氛。鼓励这些夜生活活动中心均匀地分布在整个城镇。"除此之外还与城市社区、商业场所、地方市政、街头舞会等城市模式语言相联结。城市夜环境的设计应将它们依据一定的秩序组织在一起，最终形成网络似的夜间城市环境整体。这种网络的意义在于令各环节相互关联并支持，各个环节相互触发并最终构成整体。

城市夜环境系统各层次组成部分通过集中，形成一种相互维持的组合。无论是活动中心、散步场所，还是夜生活相关的各个场所都不能是散落的，对市民行为的研究表明市民偏好到人群较集中的场所中去，将这种场所集中才能将人们聚集在一起。这样也更容易形成活动场所的特色，令人们的交往活动更加活跃。这种集中还有以下的考虑：人们往往在夜间更愿意出门，因为夜间城市更有情趣，许多人闭门不出很大原因是感到无处可去，一是由于散落的场所不能形成足够的吸引力；二是由于他们本身并不想去什么特定的设施，如音乐厅、购物中心等，只是想随便逛街；三是出于对安全的考虑，分散的、照明等级低的场所令他们感到不安全。如果一个场所能够提供这样的环境：有较集中的活动点，如聚集着影院、茶座等设施的场所，或者有较集中的人群，或者有能够吸引人的地方，如良好的自然景观，并且这些地点具备一定照明的等级，那么就将是一个人们愿意考虑的夜间活动场所。选择集中的另一考虑因素是活动设施的相互支持。各种活动设施集中在一起还是不够的，并不是集中在一起的设施就能满足人们的需要，必须让他们相互支持、协同发挥作用才能体现系统整体大于局部之和的能力。这样的组合有很多，例如：一个电影院、一个餐厅、一个酒吧间和一个书店或者一个旅店、一个酒吧间、一个小演出场和一个保龄球或台球场。它们组织在一起就会相互支持产生夜间区域内的活力。

夜间形象的塑造能为夜间活动提供舞台。夜晚的城市最能体现舞台效果，夜晚的城市本身作为暗色背景，需要成为视觉趣味中心的地方自然就可设计成为视觉焦点。夜间城市空间明与暗的设计可以成为激发人们夜间行为的动力。

具有繁荣都市夜生活的夜间城市有如一个感性的舞台，在公共生活中不需要的或想忽略的都可以隐去，想夸张的、想成为焦点的都可以尽情点缀；因而隐秘中有一种暧昧和私语，明亮中有一股激情与张力，这正是城市"舞台"的直观形象。

白天是工作的城市、效率的城市、理性的城市；人在夜晚更具有生活性，夜晚的城市是生活的城市、感性的城市。白天有活力的城市不一定晚上会有活力，但是，一个夜晚有活力的城市往往就可以称之为有活力的城市（图 4–76）。

图4–74 拉斯韦加斯之夜

拉斯韦加斯的夜晚到处都是高悬的广告牌、眩目的霓虹灯光，以及充满商业诱惑的文化图像。夜间形象已成为拉斯韦加斯展示城市特质、产生城市魅力的重要方面

图4-75 有活力的城市夜环境必须解决繁多的功能问题，以满足不同层次、文化、职业、年龄的人群对夜生活的需要

图4-76 白天是工作的城市、效率的城市、理性的城市；人在夜晚更具有生活性，夜晚的城市是生活的城市、感性的城市

图片来源：

图4-71天上的街市

网络下载http://www.far2000.com//b87561

图4-72、图4-73：夜间城市具有日间城市既类似又截然有别的特征。夜间城市可以隐藏掉一切，也可以重新创造一个崭新的生活空间

网络下载http://www.abbs.com//5641250；

网络下载http://www.abbs.com//5641251

图4-74拉斯韦加斯之夜

网络下载http://destpic.ctrip.com/Resources/unitedstates/lasvegas/image/briefintro.jpg

图4-75有活力的城市夜环境必须解决繁多的功能问题，以满足不同层次、文化、职业、年龄的人群对夜生活的需要

网络下载http://img1.soufun.com/bbs/2004_07/06/1089095724894.jpg

图4-76白天是工作的城市、效率的城市、理性的城市；人在夜晚更具有生活性，夜晚的城市是生活的城市、感性的城市

网络下载http://uimg.qihoo.com/qhimg/quc//600_500/14/03/23/140323fqd16b9.4b4d7e.jpg

网络之城

Network City

图4–77 城市空间的虚拟化

原子已成为过去。21世纪科学的标志是动态网络。这一网络是用来表达所有循环运作，所有人类智慧，所有互相依存，所有经济的、社会的和生态的事物，所有资讯交流，所有民主，所有群体，所有大的体系所展示出来的原型。

——凯文·凯利 《失去控制》

城市空间的虚拟化（图 4–77）

当今城市空间不仅被无数互相重叠的网络所切分，同时又是全球网络中的一个组成部分。不断增强的流动性和全球通信技术缩短了人类交往的距离。曾一度作为城市空间思想基础的向心原理开始动摇。城市成为一个非空间的范畴，一个由运输和交流网络所构成的巨大支架，而不只是一个物体的静态组合。

地方的空间由流动的空间所取代，新的经济空间由不对称的网络组成，这种网络实现自己的目标不只依赖于特定的场所。

新型交通系统和通信技术的成功发展、经济的全球化以及资金流动的加速都使空间限定的重要性大大降低。因此，当代大城市景观不再主要由相邻的自然物体构成，而逐渐变成由城市居民自己建立的无形网络系统构成了。

这些网络系统正逐渐将城市之间连接起来，而不再只是通过与城市相邻的区域或临界的国家来连接。城市的物质性变得相对虚拟化，这种虚拟化最终会表现出当代城市的新方式。

新兴城市环境可以看成是由三个互相重叠的网络构成——家庭网络、生产网络和消费网络，这些网络都具备各自的空间逻辑。由于这些网络互相重叠，它们在地面上的形态并列或互相渗透。

时间已取代距离成为当代城市景观各个组成部分之间的重要标准。现代运输速度在当前的城市分离进程中起主导作用。最新的运输方式和其他因素的转变（如通信技术、资本流动）结合起来，有助于消除空间局限，使城市环境符合“通过时间消除空间”的过程。

图4-78 城市实体环境的网络化
网络化可理解为交通的立体网络与水平网络以及立体网络与水平网络之间的交织；各种交通模式之间应该成为网络状连续。生活空间的步行网络化也是编织丰富城市生活的重要保障

当代城市景观是动力化交通的王国，人们阅读这些连贯的标志以及刺激物的速度取决于他们踩刹车的力度。汽车缩减了不同城市碎片之间的距离，汽车也使现代大都市的景象变成了电影场景。

当代城市似乎要一直扩展下去时，它的核心感开始变得脆弱。

库哈斯在《普通城市》(The Generic City) 中指出："城市变得越来越像飞机场。而且在这种比喻中，飞机场代表着超本地和超全球的浓缩——超全球指你能在这里买到城里没有的东西，超本地指你能在这里买到其他地方都没有的东西。" 荷兰建筑评论家汉斯·伊贝林斯 (Hans Ibelings) 看来，机场是20世纪90年代最好的建筑例证，这种建筑为了实现在经济生活中的中心地位，特别注重流动性、易达性和完善的基础配套设施。

人们频繁地研究计算机虚拟空间组织以及当代大城市景观布局之间的相似性，最著名的是博耶的《数码城市》。城市作为一个图表、矩阵和电子数据表的重叠影像逐步取代了19世纪和20世纪早期的那种把城市比作人身体的一部分或一部机器的隐喻。

当今的公共领域通常不固定在城市（或城市的某一部分）里，它已经转移到了大众传媒的王国中，并且随着全球交流的整体发展蔓延开来。

由于全球信息、资本、商品和人群的频繁流动，在电子空间和城市地域之间产生了一种新的张力，街道、广场、商店、沙龙和俱乐部等物质性的城市区域已经不再是市民发表意见的主要中心地带。

新的交流方法不仅仅引起了公共领域的虚拟化，还削弱了个人和社会之间的联系，促进了各种各样的家庭化和与世隔绝状态的出现。

流动空间的出现表达了以位置为基础而支配社会的权力和生产组织与社会文化的脱离。甚至民主也无力面对资本的全球流通能力，信息秘密传递的能力，市场被渗透的能力……权力的流动产生了流动的权力，流动权力的物质实现被视为不能被预知或控制、只能被接受或管理的自然现象。

城市实体环境的网络化（图4-78）

无论计算机多么诱人，它始终具有局限性。尽管社会经济和文化结构明显分离，建成城市空间的物理条件仍然是城市存在的物质基础，网络化的虚拟世界也不得不适应这种已建成的城市环境。

在当代网络城市图景中，更需要对建成环境城市功能进行重新审视，以实体城市环境的网络化来增加城市生活的活力。

亚历山大的《城市并非树形》提出城市是一个半网络结构，他分析道，按现代主义城市规划方法规划出来的城市是一种"树型结构"城市，缺乏活力，没有生机。传统的城市之所以表现出城市的活力，是因为它是"半网络结构"。我们考察一下就会发现，亚历山大所称的“半网络结构”强调的是功能在空间上的“交叠”，也就是城市功能及其物质要素的多样复合，使人具有更多的选择性。

城市功能的网络化是对集约化、复合化、延续化和全时化功能组织方式的综合运用，以地面为基准对城市空间进行水平面和垂直面的综合开发，形成协调有序、立体复合的网络型功能组群。城市功能的网络化是对现代主义城市功能组织模型的发展和修正。网络化的关键在于立体交通网络（含机动交通与步行交通）的建立以及交通网络与各功能单元的多方位连接。

在这里，网络化首先代表了高效、便捷的交通网络，这是现代性城市社会建构的前提。网络化可理解为交通的立体网络与水平网络以及立体网络与水平网络之间的交织；交通可分为机动车与非机动车交通以及人行交通，各种交通模式之间应该成为网络状连续。各交通模式间的便捷转换是现代生活的移动性本质所必需的前提。同时，城市的本质是应该创造丰富多样的人性场所，生活空间的步行网络化也是编织丰富城市生活的重要保障。

针对我国城市的高密度现状，营建网络化公共空间系统，即建立大、中、小相结合的公共空间网络是不可以满足人们多层次、多样化的需求，这种公共空间网络（尤其在高密度的旧城区）可达到因地制宜、灵活应变的目的，以避免一味追求气派而修建单一孤立的大型广场。这种因地制宜的公共空间网络可以是与商业街道连通的庭院，也可以是街头小广场或小游园，还可以是各种上升或下沉式公共空间等，这些公共空间与人的办公、居住、商业、休闲等紧密渗透和衔接，是渗透于整个城市日常生活的场所，这种大、中、小组合的网络化公共空间星罗棋布、整体连续，不仅提升了城市整个空间环境，更有利于促进日常生活交往，将人从虚拟的网络世界带入真实的网络化空间。

当代城市空间的网络化，后现代生活、信息时代生活的流动性及生活样态的网络化，呈现出当代城市的新特征。

图片来源：

图4-77城市空间的虚拟化
网络下载http://bbs.photophoto.cn/Design-gallery/Art/Chinese%20advertisement/0200120015.htm
图4-78城市实体环境的网络化
网络下载http://travel.jrj.com.cn/2008/08/2716471732364-6.shtml

拨混沌云雾，探城市活力

30年来城市高速发展，面貌日新月异，呈现出一片繁荣景象。而发展过程受全球化的影响，城市形态表现出国际化、复制化和均质化，缺乏特色；在建设中出现英雄主义，片面追求规模、速度和景观，忽视活力和质量。整个当代城市陷入一种混沌化情境。

而在城市建设与发展思想理论领域，一些学者不断总结中国城市建设的经验与教训，在借鉴国际先进经验的过程中，形形色色的建设理念也不断引入，理论研究上出现繁荣的景象。

《城惑——自在的图景》一书是在以上背景下，作者认为当代中国城市“在迅速扁平化、概念化、机械化、乌托邦化”，由此从空间性、社会性和历史性的视角，运用“三维”的方法对过去30年城市发展加以研究，认为当代中国城市应从“平面走向立体；‘此’时走向‘历’时；‘新’态走向‘熟’态；同质走向特色；精英走向大众；规划走向设计”。

著作生动地描述了当前城市建设和城市空间形态发展的众多切面，从形态特征、空间结构到文化景象等方面都有涉及，同时还论述了城市的“游戏性”与“权力本质”，城市空间的发展在这一过程呈现出是非混沌的特征；专著凝聚了作者长期从事城市建设的设计和创作经验，特别是活力空间的论述，从理论到实践，对当前城市建设中片面追求景观、忽视社会和经济行为倾向的纠正，建构活力城市有着极大的意义。

城市是人类赖以生存的环境，也是国家社会、政治、经济和文化发展的象征。不少社会学家、城市规划设计师和建筑师提出建设理想城市的模式。蒋涤非教授在本书中以独特的视角和文字表达，拓展了传统城市设计的研究路径与表达方法。

我十分赞赏这种学术探索，特别在当前充满混沌性的中国快速城市化进程中，各种独立性思考都弥足珍贵！

卢济威

同济大学教授，博导

著名城市设计学者

辨析城“惑”与“辨”

在共和国六十周年喜庆前夕，作为第一批读者拜读了蒋涤非教授的两本专著《城惑》和《城辨》。《城惑》的副标题是“自在的图景”，是作者学术论文的集锦；《城辨》的副标题是“学者的声音”，是《中外建筑》杂志在西安、北京、上海、深圳等十四座城市的城市论坛的记录，蒋教授主编。未及精读，已受益匪浅。八个字：饶有兴味，发人深省。不揣浅陋，书写些文字，以为初读后心得，就正于方家。

一，当今有关城市的话题，可以说是人类文明史上空前的热点，焦点和难点的话题。其原因是上一世纪快速的城市化进程；城市引领了人类的物质文明和精神文明，也渐次成为人类直接和间接的第一杀手；因而士农工商既欢欣鼓舞城市扩容，城市转型，城市财富增长，城市色彩缤纷，又深恶痛绝诸多城市病，厌恶城市污染，恐惧城市灾祸，叹息城市藏污纳垢，感慨城市千篇一律。蒋教授以城市为主题，一个《辨》字，可谓用心良苦：一字多义，是“辨认不出”的“辨”？是“分辨不清”的“辨”？亦或是“辨”还是“不辨”？而另一个“惑”字，则更是立意深邃：岂有学术文章使你愈读愈惑之理？窃以为：学术就是“学问”，学而问之；不惑何以“问”？

二，有哲人称今日城市是一个“巨系统”；其上端可溯城市群，城市带，城市走廊，其下端可达住区，社区，街区，节点。巨系统这一多维网络之中，每一个“元素”既依托系统又反抗系统；就像人体一样。人体可以分解为无数细胞，包括不断产生又不断被吞噬的癌细胞。城市亦然。在《城惑》的四十七篇文章中，蒋教授并未解读这个“巨系统”，而是着力于分辨“细胞”分解“元素”。诚如他在“前言”中写的“我们不能停止思考！若不更加深邃，定将更加复杂，使自己处于可能性不断膨胀的视界之中。”而在“后记”里，他用散文似的语言写到：

坠！游牧，体验；潜入城市。

惑！是非，思考；跃出城市。

坠，惑，往前走——远处，有光！"

像蒋教授这样做学问，本人以为他并非贬低"系统"理论的引领和控制的作用，而是针对时弊。时下学风不正，学术不端，动辄打造一个学科系统，"前无古人，后无来者"。君不见，某某"国际"学术会议，一门"xx学"，居然超生出不下百余个"某某xx学"，这不是学术的繁荣，而是学术的枯竭，学术的悲哀！

三，蒋教授《城惑》看似杂文，散文，不勉强体例，不拘泥长短；有话则长，无话则短；只要是真实的能反映本质的事物，只要是新鲜而又言之有物的观点，均择而取之。这也为学术之坛吹了些许春风。窃以为：多元社会中的多元成员，看待同一事物有千种认知，万般见解，应视为正常现象。每一个生活在现代社会这个"巨系统"中的成员，都有其特定的时空坐标，而且处在开放，互动的变化之中。"舆论一律"早已被舆论唾弃，强求学术见解一律，显然也极为荒唐。行文至此，突然发现以上这些文字有为本文而辩的嫌疑。就此打住。

清华大学教授，博导

著名地域建筑学者

2009年9月23日于旅差期间

9月25日于清华园

从建筑创作到城市创造

自上个世纪40年代以来，有关现代城市的发展与衰败，一直是国际建筑界学者们所探讨的一个热点问题，特别是未来城市的走向及其应对策略，已成为大家关注的焦点。从城市是"人的聚集"的本质来看，其机体的复杂性与多变性是不言而喻的，而高速城市化进程，则更是让生活在民族复兴中的我们充满了困惑、好奇和冲动。令人欣慰的是，在经历了诸多的艰难曲折之后，已有有识之士，开始从"建筑创作"的纵深，走向了"城市创造"的新兴领域，在"城市·建筑·环境"三位一体的设计实践中，潜心研究，探索不止，蒋涤非便是其中一位。

如果说，《城市形态活力论》是蒋涤非在攻读博士学位时，将城市活力与城市形态联系起来加以研磨而完成的具有开拓性的学术成果的话，那么，他在后续的社会实践中所悉心撰写的《城辨—学者的声音》和《城惑—自在的图景》两本书，则是他进一步去深入洞察当代中国城市进行时态的珍贵记录，是他不曾停顿地去探索未来中国城市前景亮光的心迹轨道。颇有意味的是，这两本书不仅命题简明，而且，又互为依托。《城辨》像一面明镜，映照出了当代中国十三座极具代表性的城市在当地学者心目中的地位、价值以及创造中的光环与暗点，其真实性和鲜活性都跃然纸上。在这样一种"社会普查"的大背景下，蒋涤非又在《城惑》中，以自己独特的视角与切入点，从"都市游牧""权利VS游戏""是非空间"和"活力空间"四个方面，描绘了城市走向的"自在图景"，其字里行间，无不流露出他思路的活跃、探路的执着和面对未来的自信。城市课题，千头万绪，浩瀚无边，而蒋涤非却机巧地同时奉献出《城辨》与《城惑》两本著作，让广大读者在感受到城市的"实"之同时，又能领悟到城市的"虚"，这也可以说是给我们提供了一种别开生面的体验城市与审视城市的途径和方法。

长期以来，如同在建筑创作领域一样，在城市创造活动中，唯美主义与唯功能主义是影响其发展的两大根本性障碍。蒋涤非对当前中国城市设计中的唯物质化、唯功能化、唯视觉化倾向提出了质疑和批评，其缘由也正在于此。他指出，“城市形态的整合、公共空间的系统化并不是城市设计的终极目标，城市设计的终极目标之一，应该是关注人与城市空间的互动，应该是营造具有活力的宜居城市。”在我看来，这也许就是对《城辨》与《城惑》最原本、最直白的解读。尽管我们不一定完全同意他的某些诠释，但书中所渗透的那种思辨精神对于冲击我们顽疾般的习惯性思维来说，却是难得一求的。

无论是从可持续发展的长远战略眼光来看，还是就现实阶段高层次城市建设的社会实践而言，广大建筑师队伍和城市建设管理者队伍，把自己倾心关爱的重心从狭义的“建筑创作”，真正转移和提升到深远的“城市创造”的高度上来，这都应该说是我们必须清醒认识并积极面对的新使命。未来的城市图景关系到众生苦乐和国家兴衰，我们岂能视而不见而唯以孤芳自赏的“建筑创作”为己任呢？我想，正在崛起的中国，她需要的不仅是繁荣的建筑创作，而且也更需要至尚至美的城市创造吧！

布正伟

中国建筑学会建筑理论与创作委员会主任

著名建筑设计大师

2009年9月21日于北京山水文园

远处，有光

In Distance ,Being Bright

坠

挖掘庞贝，游走太空——远处，有光？

锁定，狙击！——无边黑洞：牛顿力学倾覆了；古典美学倾覆了；现代城市倾覆了。

物质，非物质？人，非人？空间，非空间？

坠入黑洞……

惑

信息状态——以资讯体形式切入当代城市，网络日志抑或精神梦呓？

批判状态——一种“思想者”姿态！设计师的江湖情结，建筑人的侠客梦？

他者状态——以审视的距离，守持“横看成岭侧成峰”的移动视角，客体抑或主体，边缘抑或主流？

大众状态——关注生存境遇，一种集群智能“涌现”方式，精英与大众同行？

坠！游牧，体验；潜入城市。

惑！是非，思考；跃出城市。

坠，惑，往前走——远处，有光！

近年来“潜入城市”——投身于城市建设实践，在“坠”入中体验处于混沌状态的中国城市，同时以一种“惑”的状态不断进行是非辨析，力图“跃出城市”来审视城市。以不拘形式的形式(杂文、散文等)来表达对当代城市的思考。

感谢《中外建筑》杂志，书中的一些杂文随笔是我作为《中外建筑》主编按照每期主题所撰写的主编语。

感谢我的研究生彭诚，有时我甚至认为她应该是本书的合作者，她常常是我的聆听者和记录者。思想，需要记录，需要聆听！书中的杂谈、色·戒、建构与解构、二维中国(序)等篇章就是以谈话录为雏型。而书中有些内容则是以我的另一专著《城市形态活力论》为基础提炼而成。

感谢卢济威教授、单德启教授和布正伟先生，他们一直鼓励我学术的综合发展。

感谢胡华博士，她为本书的部分章节做了细致的编辑工作；我的研究生刘莉娜、何业员、汪海、龚强、杨宇、何珏、赖亦堆、董天然等做了部分图文配置工作，蒋沙沙参与了后期编辑。

感谢我的家人，祥和的氛围是我思想生长的营养基。

感谢株洲市委书记陈君文、市长王群，在他们的支持下从事城市建设与管理工作，使我对城市有了新的视野与体验。在新时空背景下，我们应重新思考城市研究的基础，选择一条从实践到理论的路径，我认为批判性实践是城市研究的核心途径。中国城市规划与建筑学作为一门实践性学科，沾上了中国其他学科领域常有的"形而上"的乌托邦情结！在株洲深刻的城市建设实践，使我对当代中国城市规划与建筑学教育有了批判性认识，也坚定了我对当代中国城市的判断！

2010年春节于长沙寓所